초판 1쇄 발행 2021년 01월 25일

글 · 정명숙 **그림** · 이혜영
편집 · 정지현 **디자인** · 김진영, 이은영
펴낸곳 · 이룸아이 **펴낸이** · 송수정
주소 · 서울시 금천구 디지털로9길 32 갑을그레이트밸리 A동 405호
전화 · 02-373-0120 **팩스** · 02-373-0121
등록 · 2015.10.08.(제2015-000315호)
ISBN 979-11-88617-32-6 | 979-11-88617-22-7(세트)
홈페이지 · www.eribook.com

이 도서의 국립중앙도서관 출판예정도서목록(CIP)은 서지정보유통지원시스템 홈페이지(http://seoji.nl.go.kr)와 국가자료공동목록시스템(http://www.nl.go.kr/kolisnet)에서 이용하실 수 있습니다.(CIP제어번호:CIP2020047410)

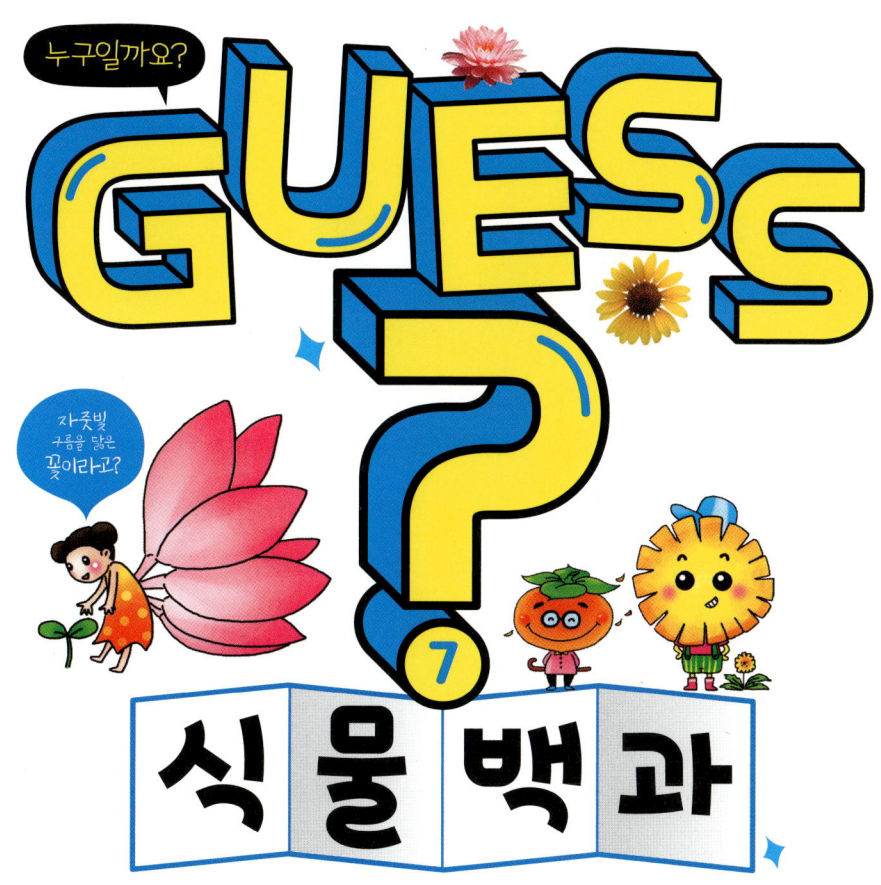

작가의 글

식물에 대한 이야기는 어렵고 재미없다고요? 어머, 무슨 그런 섭섭한 말씀을! 식물의 세계가 얼마나 신비롭고 흥미진진한데요.

『식물 백과』에는 40종의 식물에 대한 정보를 담았습니다. 또 식물마다 얽혀 있는 재미있는 이야기도 실었습니다. 풀과 나무에 얽힌 이야기를 하나하나 읽다 보면, '아하, 할미꽃의 꽃대가 할머니의 굽은 허리를 닮아서 할미꽃이라 이름 지었구나!' 하며 무릎을 탁 치게 될 거랍니다. 식물의 세계는 지어진 이름부터 꽃말까지 아름답고 신비하고 재미있는 이야기들이 참 많거든요.

신나게 퀴즈도 풀고, 재미있는 이야기도 읽고, 식물 공부도 하고! 일석삼조가 따로 없죠?

여기에 수록된 식물들은 초등학교 교과서에 자주 나오는 것으로 엄선했어요. 학교에 들어가기 전에 미리 읽어 두면 예습이 되고, 학교에 다니면서 교과서와 함께 펼쳐 놓고 읽으면 복습이 되는 거예요. 교과서와 함께 보면 더욱 좋은 책입니다.

할미꽃을 무지무지 사랑하는

정명숙

감수자의 글

언제나 우리 주변에서 볼 수 있는 식물은 덥거나 추워도 항상 그 자리를 지키는 듬직한 친구죠. 그런데 조금만 관심 있게 바라보면, 식물도 변하고 있다는 걸 알 수 있어요. 우리 친구들이 무럭무럭 자라나 어른이 되는 것처럼 식물도 지금 있는 자리에서 힘껏 자라나서 작은 씨앗들의 엄마 아빠가 된답니다. 잎은 잎대로, 뿌리는 뿌리대로, 꽃은 꽃대로 자기의 일에 최선을 다하는 모습이 열심히 성장하는 우리 친구들과 닮지 않았나요?

또 우리 친구들이 한 사람, 한 사람 개성을 가지고 자신의 꿈을 위해 노력하는 것처럼 식물도 각자 특징이 있고, 그 쓰임새도 다르답니다. 『식물 백과』에는 그에 대한 재미있는 이야기가 가득합니다.

우리 친구들이 주변 사물에 대한 관심과 바른 이해를 통해 세상에 대한 애정을 갖고 씩씩하게 자라나 주기를 바라며, 이 책이 조금이나마 도움이 되기를 기대해 봅니다.

제 아들 지오와 그의 친구들에게 보여 주고 싶은 마음으로 이 책의 내용을 감수하였습니다.

전창후

차례

- 알고 보면 더 재미있는 식물 …8
- 이렇게 분류했어요 …10

01 **개나리** 봄을 알리는 노란 봄꽃 …11
02 **감나무** 달콤함과 떫은맛 열매 …17
03 **나팔꽃** 아침에 피는 나팔 닮은 꽃 …23
04 **벼** 쌀이 열매로 열리는 곡식 …29
05 **사과나무** 과일 중 으뜸 열매 열리는 나무 …35
06 **봉숭아** 손톱을 곱게 물들이는 꽃 …41
07 **수박** 여름 갈증을 풀어 주는 채소 …47
08 **무궁화** 날마다 피고 지는 우리나라 꽃 …53
09 **민들레** 바람 타고 나는 솜털 씨앗 …59
10 **포도나무** 알알이 열매가 열리는 나무 …65
11 **할미꽃** 흰털 씨앗이 할머니 닮은 꽃 …71
12 **참나무** 나무 중에서 진짜 나무 …77
13 **코스모스** 바람에 흔들리는 조화로운 꽃 …83
14 **은행나무** 살아 있는 화석의 장수 나무 …89
15 **해바라기** 해를 바라보고 피는 꽃 …95
16 **밤나무** 따끔한 가시 속 단단한 알 …101
17 **강아지풀** 강아지 꼬리를 닮은 풀 …107
18 **소나무** 언제나 푸르른 으뜸 나무 …113
19 **백일홍** 백일 동안 붉게 피는 꽃 …119
20 **벚나무** 벚 열매가 열리는 나무 …125

- 21 **목화** 흰 솜털이 터지는 나무 꽃 … 131
- 22 **배나무** 하얀 꽃이 피는 과일 나무 … 137
- 23 **유채** 씨에서 기름을 짜는 채소 … 143
- 24 **대추나무** 열매가 가장 많이 열리는 나무 … 149
- 25 **오이** 수분 가득! 길쭉한 초록 열매 … 155
- 26 **진달래** 꿀이 가득해 달달한 참꽃 … 161
- 27 **개구리밥** 물 위에 동동 떠서 사는 풀 … 167
- 28 **장미** 향기 가득한 꽃의 여왕 … 173
- 29 **도라지** 별 모양 꽃이 피는 뿌리채소 … 179
- 30 **토마토** 붉은색의 물렁한 영양 채소 … 185
- 31 **복숭아나무** 복사꽃 피는 달콤한 열매 나무 … 191
- 32 **강낭콩** 크기는 작지만 영양 덩어리 … 197
- 33 **목련** 나무에 피는 탐스러운 연꽃 … 203
- 34 **배추** 김치 담글 때 쓰이는 채소 … 209
- 35 **수련** 물 위에 피는 잠자는 연꽃 … 215
- 36 **라일락** 향긋한 꽃향기 퍼지는 나무 … 221
- 37 **고추** 매운맛을 내는 열매채소 … 227
- 38 **싸리나무** 나뭇가지의 쓰임이 많은 나무 … 233
- 39 **자운영** 자줏빛 구름을 닮은 꽃 … 239
- 40 **채송화** 한여름 보석처럼 피는 꽃 … 245

- 더 깊이 식물 관찰하기 … 252
- 부분으로 식물 맞히기 … 256
- 한눈에 보는 식물 … 258
- 어려운 식물 용어 … 260
- 찾아보기 … 262

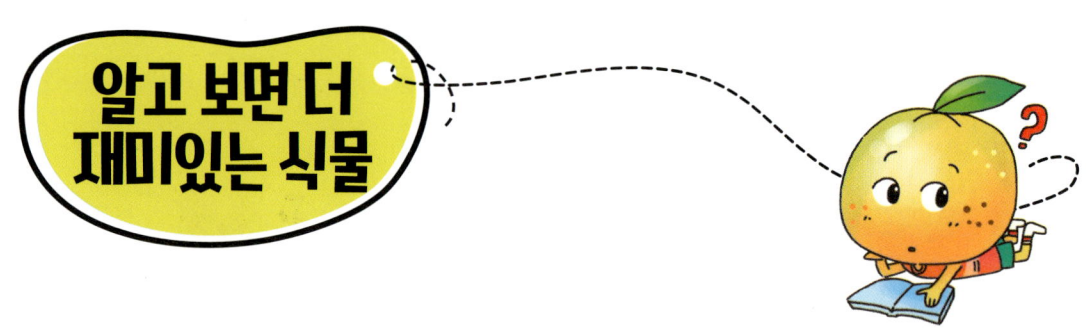

알고 보면 더 재미있는 식물

식물이 뭘까?

우리가 먹는 고추, 배추, 감자, 고구마는 물론이고, 배나무, 사과나무, 감나무 또는 장미꽃, 국화꽃, 무궁화꽃 등이 전부 식물입니다. 대부분 잎이 초록색이고, 이 잎에서 자기가 살아가는 데 필요한 영양분을 만들어요. 식물은 죽을 때까지 거의 이동하지 않아서, 먹고 마시고 꽃을 피우고 자손을 번식하는 일 등을 모두 태어난 그 자리에서 합니다.

식물은 동물과 뭐가 달라?

제일 크게 다른 건 먹이를 얻는 방법이에요. 동물은 이리저리 돌아다니면서 먹잇감을 구하지만 식물은 그렇지 못해요. 그래서 스스로 필요한 영양분을 만들어 먹고삽니다. 뿌리로 땅의 물과 영양분을 빨아들이고, 잎으로 햇빛을 받아서 '포도당'이라는 영양분과 산소를 만들지요. 이것을 '광합성'이라고 합니다.

 ## 자손은 어떻게 만들어?

사람이 남자와 여자가 만나 아기가 생기듯이 식물도 자손을 만드는 방법은 같아요. 식물도 대부분 암술과 수술이 만나서 씨앗을 만들고 멀리 퍼뜨립니다.

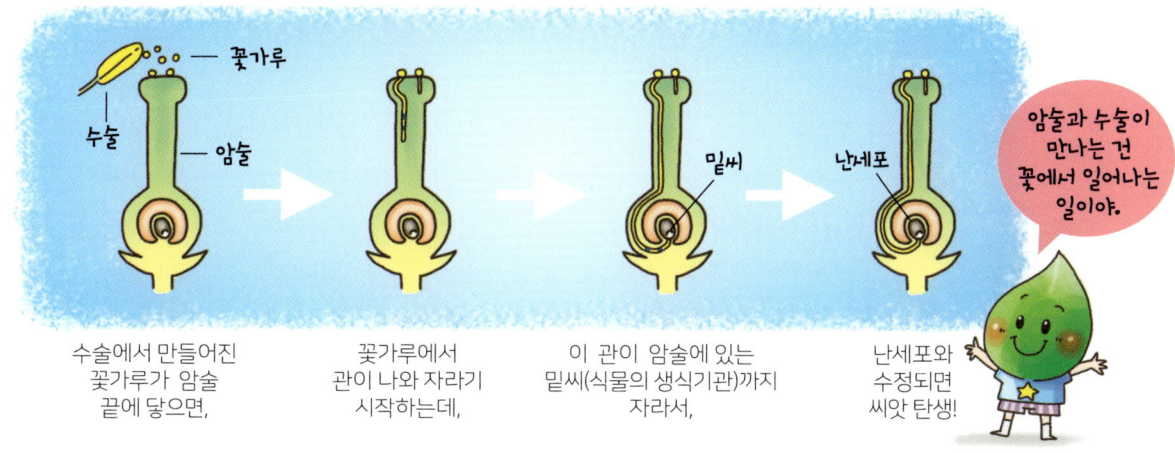

 ## 움직이지 못하는데 씨앗을 어떻게 퍼뜨려?

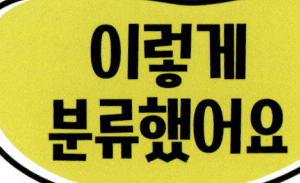
이렇게 분류했어요

이 책에 실린 40가지 식물은 내용 구분을 위해 다음과 같이 2가지로 분류했습니다.

나무

개나리/ 감나무 / 사과나무 / 무궁화 / 포도나무 / 참나무
은행나무 / 밤나무 / 소나무 / 벚나무 / 배나무 / 대추나무
진달래 / 장미 / 복숭아나무 / 목련 / 라일락 / 싸리나무

풀

나팔꽃 / 벼 / 봉숭아 / 수박 / 민들레 / 할미꽃 / 코스모스
해바라기 / 강아지풀 / 백일홍 / 목화 / 유채 / 오이
개구리밥 / 도라지 / 토마토 / 강낭콩 / 배추 / 수련
고추 / 자운영 / 채송화

나무인지 풀인지 어떻게 알아?

주변에 있는 나무를 들여다봐요. 어때요? 줄기가 튼튼하고 높이 솟아 있지요? 웬만한 바람에는 쉽게 쓰러지지 않고 버틸 수 있을 것 같아요. 나무의 줄기를 베어 보면 둥근 나이테가 보이는데, 이것은 나무가 얼마나 오랫동안 자라 왔는지 말해 줘요. 하지만 풀은 얕은 바람에도 쉽게 흔들릴 정도로 줄기가 가늘고 여려요. 여러 해 동안 사는 풀도 있지만, 한 해 동안 살다가 씨앗을 퍼뜨리고 죽는 경우가 많아서 줄기 안에 나이테를 만들지 않는답니다.

GUESS 01

누구일까요?

첫 번째 힌트	★ 꽃말은 **희망**이에요.
두 번째 힌트	★ **꽃이 먼저 피고** 잎이 나중에 피어요.
세 번째 힌트	★ 황금 종을 닮아 '**골든벨**(Golden bell)'.
네 번째 힌트	★ 귀여운 **병아리**와 같은 **색깔**이에요.
다섯 번째 힌트	★ 나리 나리 ○○○ 잎에 따다 물고요.

결정적 힌트 "봄을 알리는 대표적인 봄꽃"

Forsythia

개

ㄱㄴㄹ

- **꽃말** : 희망, 깊은 정, 달성
- **꽃색** : 노란색 • **개화 시기** : 4월
- **분류군** : 속씨식물문 > 쌍떡잎식물강 > 용담목 > 물푸레나뭇과(층매화)
- **쓰임** : 관상용(두고 보면서 즐기는 데 쓰는 용도), 약용(약으로 쓰는 용도)

개나리

봄을 알리는 노란 봄꽃
개나리

"개나리 노란 꽃그늘 아래~♬ 가지런히 놓여 있는 꼬까신 하나~♬"

개나리를 보면 〈꼬까신〉이라는 동요를 절로 흥얼거리게 돼요.

개나리는 진달래, 민들레와 함께 봄이 왔음을 알리는 대표적인 봄꽃이에요.

가지마다 노란 꽃이 활짝 피어나면 집 담장, 학교 울타리는 물론, 오가는 길목마다 온통 노란 개나리꽃밭으로 변하죠. 마치 종처럼 생긴 꽃송이에서 금방이라도 맑은 종소리가 울려 퍼질 것 같아서, 서양에서는 '골든벨(Golden bell)'이라고도 부른답니다.

개나리는 서울특별시를 대표하는 꽃으로 우리나라에서 맨 처음 자라났어요. 그래서 학명도 '포시티아 코레아나(Forsythia koreana)'예요. 눈을 크게 뜨고 보세요. 우리나라를 뜻하는 'Korea'가 들어 있지요?

땅 위의 별, 개나리!

먼 옛날, 개나리의 꽃잎이 한 장이었던 시절의 이야기예요.

어느 날 개나리가 문득 밤하늘을 올려다보았는데, 하늘 위의 별이 그렇게 아름다워 보일 수가 없었어요.

"하느님, 저도 아름다운 별이 되게 해 주세요."

하느님은 개나리에게 백 일 동안 눈을 감고 기도하면 소원을 들어주겠다고 했어요. 개나리는 두 눈을 꼭 감고 기도했답니다.

백 일이 됐을 즈음이었어요. 개나리가 이제 됐겠지 싶어 슬그머니 눈을 떴는데 글쎄, 아직 하루가 더 남아 있었던 거예요. 개나리는 슬퍼서 엉엉 울었어요. 하느님도 가슴이 무척 아팠지요. 그래서 개나리의 꽃잎을 네 장으로 만들어 별처럼 보이게 했어요. 그 후로 개나리는 땅 위의 별이 되어 주변을 아름답게 밝힐 수 있었답니다.

"잎이 먼저 필까, 꽃이 먼저 필까?"

보통 식물은 잎이 난 다음에 꽃이 피어요. 그런데 개나리는 반대로 꽃이 먼저 피고 나서 잎이 나요. 추운 겨울 꽃눈으로 꿋꿋이 버티었다가 봄이 되면 기다렸다는 듯이 꽃을 먼저 피워 내죠. 한겨울에도 날씨가 따뜻하면 봄이 온 줄 알고 꽃이 피기도 한답니다.

씨앗 — 갈색에 길이 5~6mm예요.

잎 — 끝이 뾰족하고 가장자리가 톱니 모양이에요.

꽃 — 잎은 4갈래로 나뉘고 꽃잎 밑부분이 붙어 있는 통꽃이에요.

열매 — 녹색에서 갈색으로 변하고, 쪼개지면서 씨앗이 나와요.

개나리 한살이

개나리는 씨앗을 퍼뜨려 번식하는 방법 이외에 또 어떤 방법으로 자손을 번식할까요?

01 가지를 꺾어 땅에 푹 꽂아서

02 꽃잎을 땅에 묻어서

03 꽃잎이 저절로 떨어져서

04 꽃가루가 바람을 타고 날아가서

생각 키우기

개나리는 씨앗을 퍼뜨려 번식하는 식물이지만, 나뭇가지나 뿌리를 써서 번식하기도 해요. 나뭇가지를 휘어 땅에 묻는 '휘묻이' 방식이나 **나뭇가지를 꺾어서 땅에 묻는 '꺾꽂이' 방식**을 통해서 말이에요. 개나리는 주로 **꺾꽂이 방식**을 쓴답니다. 그러면 나뭇가지 끝 세포가 뿌리 세포로 바뀌면서 새로운 개나리나무를 만들어 내지요.

정답 ❶

GUESS 02

누구일까요?

첫 번째 힌트	★ **과일**이 열리는 나무예요.
두 번째 힌트	★ **까치밥**으로 남겨 두기도 해요.
세 번째 힌트	★ 잘 익은 과일은 **주황색**이에요.
네 번째 힌트	★ **안 익은 열매**는 무척 떫어요.
다섯 번째 힌트	★ 잘 익으면 말랑말랑한 홍시!

결정적 힌트 "이 나무의 과일을 말리면 곶감!"

Persimmon tree

감

ㄱㄴㅁ

- 꽃말 : 자애, 소박, 경의
- 꽃색 : 노란색　• 열매 맺는 시기 : 9~10월
- 분류군 : 속씨식물문 〉 쌍떡잎식물강 〉 감나무목 〉 감나뭇과(충매화)
- 쓰임 : 식용(먹을 것으로 씀), 가구재(가구를 만드는 데 쓰는 재료)

감나무

달콤함과 떫은맛 열매
감나무

　감나무는 다른 과일나무에 비해서 **추위**에 강하고 어디에서나 잘 자라요. 또 나무와 열매 모두 쓰임새가 아주 많답니다.

　감에는 '단감'과 '떫은 감'이 있는데, 단감은 바로 깎아 날것으로 먹고 떫은 감은 껍질을 벗긴 다음 말려서 **곶감**으로 만들어 먹어요. 떫은 감이 잘 익으면 **홍시**가 되는데, 특히 얼려 먹으면 아주 맛있지요.

　감의 껍질은 떡에 넣어 먹고요, 비타민C가 풍부한 감잎은 우려내서 차로 마신답니다. 또 줄기는 고급 가구나 화살촉, 망치 따위를 만들 때 쓰여요.

　우리 조상들은 감나무가 일곱 가지 덕을 가졌다고 하여 '**칠덕수**'라 불렀어요. 벌레도 꼬이지 않고, 오래 살며, 잎이 무성해서 좋은 그늘을 만들어 주고, 아름다운 단풍과 맛있는 과일을 주는 데다 나뭇잎은 떨어져서 훌륭한 거름이 되고, 날짐승이 둥지를 틀지 않기 때문이랍니다.

곶감

호랑이와 곶감

배고픈 호랑이 한 마리가 먹잇감을 찾아서 마을로 내려왔어요. 호랑이는 한참을 어슬렁거린 후에야 사람의 소리가 나는 초가집을 발견했어요. 초가집 안에서는 아기 울음소리와 우는 아기를 어르는 엄마의 목소리가 들렸어요.

"너, 자꾸 울면 밖에 있는 호랑이가 물어 간다!"

하지만 아기는 겁을 줄수록 더 크게 울 뿐이었어요.

'어흥, 천하의 호랑이가 물어 간다는데도 울어? 두고 보자!'

호랑이가 툴툴거리는 그때, 또다시 엄마 목소리가 들려왔어요.

"옛다, 곶감을 줄 테니 이제 그만 울어. 응?"

그러자 신기하게도 아기가 울음을 뚝 그치는 게 아니겠어요?

'으잉? 곶감이라는 놈이 나보다 훨씬 무섭단 말이야?'

호랑이는 겁이 난 나머지 꽁지가 빠지게 도망치고 말았답니다.

이것도 '감', 저것도 '감'

몰랑몰랑한 '홍시'는 떫은 감이 자연 상태에서 익은 것이고, 쫄깃쫄깃한 '곶감'은 떫은 감을 깎아 말린 것이에요. 그리고 아삭아삭한 '단감'은 말 그대로 단맛이 나는 감이지요. 홍시도 곶감도 단감도 모두 감이랍니다.

씨앗 — 둥글납작하며 갈색을 띠어요.

잎 — 넓은 타원형에 두껍고 윤이 나며 가장자리가 밋밋해요. 단풍이 들어요.

꽃 — 왕관을 닮았죠? 실에 꿰어 목걸이를 만들기도 해요.

열매 — 둥근 열매는 초록색에서 점점 주황색으로 변해요.

감나무 한살이

곶감에 묻어 있는 하얀 가루는 **무엇일까요?**

01 농약

02 당분

03 먼지

04 껍질

생각 키우기

곶감의 하얀 가루는 당분이에요. 곶감은 떫은 감의 껍질을 벗겨서 따뜻하고 바람이 잘 부는 곳에서 말린 거예요. 껍질을 벗기지 않으면 그대로 홍시가 되기 때문에 감 속에 있는 수분이 모두 바람에 날아가도록 껍질을 벗겨야 하지요. **수분이 빠져 나올 때, 감 속에 있는 단 성분도 같이 나와서 하얗게 생기는데, 바로 이 하얀 가루가 당분**이랍니다.

정답 ❷

GUESS 03

누구일까요?

첫 번째 힌트	★ 꽃말은 기쁜 소식, **덧없는 사랑**이에요.
두 번째 힌트	★ 한해살이 **덩굴식물**이에요.
세 번째 힌트	★ **오염된 공기**를 싫어해요.
네 번째 힌트	★ 아침에 피었다가 낮에는 오므라들어요.
다섯 번째 힌트	★ "따따따, 따따따 ○○ 붑니다~♪"

결정적 힌트 "나팔처럼 생긴 꽃"

Morning glory

나

ㄴㅍㄲ

- 꽃말 : 기쁜 소식, 덧없는 사랑
- 꽃색 : 푸른빛을 띤 자주색, 흰색, 붉은색 • 개화 시기 : 7~8월
- 분류군 : 속씨식물문 〉 쌍떡잎식물강 〉 통꽃식물목 〉 메꽃과(충매화)
- 쓰임 : 관상용

23

나팔꽃

아침에 피는 나팔 닮은 꽃
나팔꽃

"해님이 방긋 웃는 이른 아침에 나팔꽃 아가씨 나팔 불어요."

〈나팔 불어요〉라는 동요예요. 나팔꽃은 노랫말처럼 해님이 방긋 웃는 아침에 꽃을 활짝 피워요. 그 모습이 마치 나팔 같아 보이지요. 그러다가 오후가 되면 꽃잎을 오므리고 시들어 버려요. 피어 있는 시간이 서너 시간밖에 안 되는 거예요.

줄기는 덩굴져 버팀대를 왼쪽으로 감고 올라가요. 줄기에는 거친 털이 아래를 향해 나 있어서 미끄러지지 않고 높이 버팀대를 타고 올라갈 수 있지요.

나팔꽃은 대기오염이 심하면 잎의 표면에 붉은 반점이 생기기 때문에 오염 정도를 알려 주는 지표 식물로 이용해요. 나팔꽃에 반점이 있는지 잘 살펴보세요.

나팔꽃이 된 화가

옛날에 그림을 잘 그리는 한 화가가 있었어요.

화가는 마을에서 손꼽힐 정도로 매우 아름다운 부인과 알콩달콩 행복하게 살고 있었지요. 그런데 어느 날, 마을의 질투 많은 지주가 화가의 부인을 강제로 잡아다가 높은 성에 가두어 버렸어요.

사랑하는 부인을 빼앗긴 화가는 날마다 슬퍼하며 부인의 모습을 그렸답니다. 그러고는 부인이 갇힌 성 밑에 그림을 묻고 그 자리에서 쓰러지고 말았지요.

그날 밤, 부인은 이상한 느낌이 들어 성 밖을 내려다보았어요. 그런데 나팔 모양을 한 꽃이 줄기를 뻗으며 성벽을 타고 올라오고 있는 거예요. 부인은 그 꽃이 남편의 영혼이라는 것을 알 수 있었어요.

사랑하는 부인을 억울하게 빼앗긴 남편의 슬픔 때문일까요? 나팔꽃의 꽃말은 '덧없는 사랑'이랍니다.

덩굴식물이란?

　덩굴식물이란, 줄기가 하늘을 향해 곧게 서지 않고 다른 물건을 감거나 거기에 붙어서 자라는 식물을 말해요. 보통 식물은 꼿꼿이 서고 튼튼한 줄기를 만드는 데 양분을 쓰지만, 덩굴식물은 그러지 않아도 되니까 뿌리를 강하게 하는 데 양분을 써요. 그리고 광합성 작용을 활발히 하여 많은 꽃과 큰 열매를 맺는 데 온 힘을 기울인답니다.

씨앗 - 3칸의 방에 2개의 검은색 씨앗이 들어 있어요.

잎 - 아래쪽부터 크게 3갈래로 갈리고, 표면에 털이 나 있어요.

꽃 - 나팔처럼 생긴 통꽃이에요.

열매 - 둥근 열매가 익으면 저절로 터져 씨앗들을 밖으로 내보내요.

나팔꽃 한살이

나팔꽃처럼 왼쪽 감기를 하는 덩굴식물은 어느 것일까요?

01 등나무

02 오이

03 더덕

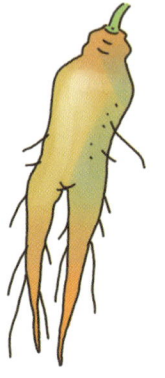

04 인동

생각 키우기

덩굴식물은 종류에 따라 덩굴을 감는 방향이 저마다 달라요. **나팔꽃, 콩, 호박, 오이는 왼쪽 감기**를, 인동, 더덕, 등나무는 오른쪽 감기를 해요. 버팀목을 손으로 잡았을 때, 왼손 엄지손가락이 향한 쪽으로 감아 올라가는 방향이 같으면 왼쪽 감기, 오른손 엄지손가락이 향한 쪽으로 올라가는 방향이 같으면 오른쪽 감기 식물이에요.

GUESS 04

누구일까요?

첫 번째 힌트	★ **곡식**이에요.
두 번째 힌트	★ **모내기**를 해요.
세 번째 힌트	★ 가을이 되면 **누렇게 익어**요.
네 번째 힌트	★ 참새가 못 먹게 **허수아비**가 지켜 줘요.
다섯 번째 힌트	★ 열매의 겉껍질을 벗기면 하얀 쌀이!

결정적 힌트 "○는 익을수록 고개를 숙인다."

Rice

ㅂ

- 꽃말 : 풍요
- 꽃색 : 흰색, 연녹색   • 열매 맺는 시기 : 9~10월
- 분류군 : 속씨식물문 〉외떡잎식물강 〉벼목 〉볏과(풍매화)
- 쓰임 : 식용

벼

쌀이 열매로 열리는 곡식

벼

벼는 논에 심어 기르는 **곡식**이에요. 씨앗이 자라서 본잎이 다섯 장 정도 나온 벼를 '**모**'라 하고, 모를 논으로 옮겨 심는 것을 '**모내기**'라고 해요.

모가 쑥쑥 자라면 줄기 끝에 **이삭**이 달려요. 이삭에는 씨앗이 오종종하게 매달려 있는데, 노랗게 익을수록 벼는 점점 고개를 숙이지요.

단단하게 여문 씨앗을 **참새**가 매우 좋아해서, 농부들은 가을 들판 한가운데 **허수아비**를 세워 참새가 쪼아 먹지 못하게 한답니다.

벼 낟알에서 '왕겨'라고 하는 겉껍질을 벗겨 내면 하얀 **쌀**이 나와요. 이 쌀로 우리는 밥은 물론이고, **떡**과 **과자**, 술도 만들어요. 우리 조상들은 쌀을 털고 남은 **볏짚***으로 **가마니***, **새끼*** 등도 만들어 썼답니다.

***볏짚** : 낟알을 떨어낸 벼의 줄기.
***가마니** : 곡식이나 소금 따위를 담기 위하여 짚을 돗자리 치듯 쳐서 만든 용기.
***새끼** : 짚으로 꼬아 줄처럼 만든 것.

귀신 씻나락 까먹는 소리

　헛간에 둔 씻나락이 조금씩 줄어들자, 박 영감은 귀신이 씻나락을 까먹는다고 생각했어요. 그날부터 박 영감은 귀신을 잡으려고 밤을 새웠어요. 그러고는 바람에 문풍지만 흔들려도 깜짝 놀라곤 했지요.
"흐미! 이기 무슨 소리고? 귀신 씻나락 까먹는 소리재?"
　겨우내 이러고 있다 보니, 온 식구가 잠을 설쳐야 했어요. 효자로 소문난 아들마저 참을 수가 없었지요.
"귀신이라니요! 아버지 말씀이 귀신 씻나락 까먹는 소리구먼."
　그래서 어른들은 누군가 알아들을 수 없는 허튼소리를 하면, "귀신 씻나락 까먹는 소리 한다."라고 말하는 거랍니다.

'씻나락'이 뭐지?

'씻나락'은 벼의 씨앗을 뜻하는 경상도와 전라도 지방의 사투리예요. 농부에게 씻나락은 내일의 희망과도 같은 귀한 종자라서 예전에는 아무리 배가 고파도 씻나락은 먹지 않았대요. 이듬해 새봄이 오면 못자리판에 뿌려야 할 중요한 씨앗이었거든요. 그 씨앗에 일 년 농사의 운명이 달렸답니다.

씨앗 - 하얀 쌀은 노랗고 두꺼운 껍질에 싸여 있어요.

잎 - 앞으로 나란히를 한 것처럼 보여 나란히맥이에요.

꽃 - 줄기 끝에 이삭이 나와 촘촘히 꽃을 피워요.

열매 - 이삭 하나에 100알 정도의 열매가 오종종하게 매달려요.

벼 한살이

모내기 · 이삭패기 · 꽃피기 · 이삭 익기

예로부터 우리나라에서 중요하게 여긴 다섯 가지 곡식이 아닌 것은 무엇일까요?

01 쌀

02 보리

03 콩

04 옥수수

생각 키우기

오곡은 예로부터 중요하게 여겨 온 다섯 가지 곡식이에요. **우리나라에서는 '쌀, 보리, 콩, 조, 기장'**을, 인도에서는 '쌀, 보리, 콩, 밀, 깨'를, 중국에서는 '쌀, 보리, 콩, 수수, 피'를 오곡이라고 해요. 비슷하지만 나라마다 조금씩 다르답니다.

정답 ❹

GUESS 05

누구일까요?

첫 번째 힌트	★ 꽃말은 **유혹**이에요.
두 번째 힌트	★ **흰색의 꽃**을 피워요.
세 번째 힌트	★ **새콤달콤**한 열매가 열리는 나무예요.
네 번째 힌트	★ 열매는 **빨갛고 둥글**어요.
다섯 번째 힌트	★ "○○ 같은 내 얼굴, 예쁘기도 하지요."

결정적 힌트 "독이 든 ○○를 먹은 백설공주"

Apple tree

사 → ㅅㄱㄴㅁ

- 꽃말 : 유혹
- 꽃색 : 흰색   • 열매 맺는 시기 : 8~9월
- 분류군 : 속씨식물문 〉 쌍떡잎식물강 〉 장미목 〉 장미과(충매화)
- 쓰임 : 식용, 가구재

사과나무

과일 중 으뜸 열매 열리는 나무
사과나무

영국 속담 중에 "사과를 먹으면 의사를 멀리한다."라는 것이 있어요. 85퍼센트가 수분으로 이루어진 사과는 식이섬유와 각종 비타민류가 많아 변비에도 좋고 피부를 매끄럽게 가꾸는 데도 좋아요. 또 사과에 들어 있는 유기산은 소화가 잘되도록 도와주지요. 최근 연구 결과에 따르면 사과가 암을 예방하는 효과도 있다고 해요. 맛 좋은 사과를 먹으며 건강까지 챙길 수 있으니 일거양득*이지요?

사과는 날것으로 먹어도 맛있지만, 주스나 잼, 식초로 만들어 먹어도 좋답니다.

사과나무 한 그루는 백 년 동안이나 열매를 맺을 수 있대요. 꼬부랑 백 살이 되어도 사과를 주렁주렁 매달 수 있다니 정말 대단한 식물이지요?

***일거양득 :** 한 가지 일을 하여 두 가지 이익을 얻음.

사과가 떨어져서!

아인슈타인, 갈릴레이와 함께 세계 3대 과학자로 불리는 뉴턴의 청년 시절 이야기예요.

어느 날 뉴턴은 사과나무 아래에서 우주의 법칙에 대해 깊이 생각하고 있었어요. 그때 사과 하나가 툭 떨어졌어요.

'참 이상하다. 사과는 아래로 떨어지는데 왜 저 하늘에 떠 있는 태양은 아래로 떨어지지 않을까? 달도 그렇고 말이야.'

의문은 꼬리에 꼬리를 물고 일어났어요.

'하늘로 공을 던지면 바로 땅으로 떨어지잖아. 혹시 지구 속에 어떤 강한 힘이 있어서 물체를 끌어당기는 것은 아닐까?'

뉴턴은 골똘히 생각하느라 머리가 터질 것 같았어요.

'그래, 사과가 떨어지는 것은 지구가 끌어당기는 힘 때문이야. 태양이 떨어지지 않는 것은 서로 끌어당겨 힘이 평형을 이루고 있기 때문이야.'

뉴턴은 사과가 떨어지는 모습을 보고 그 유명한 만유인력의 법칙*을 발견하게 되었답니다.

아이작 뉴턴 Isaac Newton [1642년~1727년]

*만유인력의 법칙 : 모든 물체에는 서로 끌어당기는 힘이 있다는 법칙.

사과는 왜 헛열매야?

복숭아처럼 씨방 부분이 자라서 된 것을 '참열매'라 하고, 석류나 사과처럼 꽃받침이나 꽃받기 등이 자라서 된 것을 '헛열매'라고 해요. 사과는 꽃받기가 열매가 되었으니까 헛열매에 속한답니다.

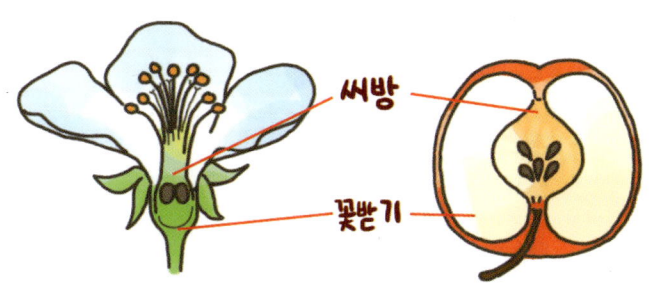

씨앗 - 작은 씨앗이 4~5개 정도 들어 있어요.

잎 - 잎끝이 뾰족하고, 가장자리에는 톱니가 나 있어요.

꽃 - 1개의 꽃눈에서 5~6송이의 꽃이 피어요.

열매 - 꽃받기가 부풀어 올라 열매인 사과가 되지요.

사과나무 한살이

사과는 왜 껍질을 까 놓으면 갈색으로 변할까요?

01 남다른 패션을 뽐내고 싶어서

02 곤충들이 자기를 잡아먹을까 봐

03 공기와 맞닿아서

04 수분이 날아가서

생각 키우기

사과 안에는 '**페놀**'이라는 물질이 있는데 이 물질은 공기와 맞닿으면 '**멜라닌**'이라는 **색소로 변해요. 그래서 사과의 표면이 갈색**으로 변하는 거랍니다. 이런 변화를 '산화 작용'이라고 해요. 사과의 산화 작용을 막으려면, 사과를 깎은 뒤 연한 소금물에 담가 두었다 꺼내면 돼요. 그러면 사과 색깔 그대로 오래 유지할 수 있답니다.

정답 ❸

GUESS 06

누구일까요?

첫 번째 힌트	★ 꽃말은 **나를 건드리지 마세요.**
두 번째 힌트	★ **한 해만** 사는 **풀꽃**이에요.
세 번째 힌트	★ **흰색, 붉은색, 분홍색**의 꽃을 피워요.
네 번째 힌트	★ **톡** 하고 **터질** 것 같은 **열매**가 달려요.
다섯 번째 힌트	★ **손톱을 예쁘게 물들일** 때 쓰여요.

 **결정적 힌트** "봉선화? 복숭아?"

Garden balsam

봉
↓
ㅂㅅㅇ

- 꽃말 : 나를 건드리지 마세요.
- 꽃색 : 흰색, 붉은색, 분홍색 등 • 개화 시기 : 7~9월
- 분류군 : 속씨식물문 > 쌍떡잎식물강 > 무환자나무목 > 봉선화과(충매화)
- 쓰임 : 관상용, 미용(몸을 아름답게 꾸미는 데 쓰는 용도)

봉숭아

손톱을 곱게 물들이는 꽃
봉숭아

봉숭아 하면 손톱에 물을 들일 때 쓰는 꽃이라는 사실이 가장 먼저 떠올라요. 꽃과 잎을 따서 백반이나 소금을 넣고 막대로 찧은 다음 손톱 위에 올려요. 그러고 나서 손가락을 비닐 등으로 싸매고 하루 정도 지나 풀어 보면 손톱이 주황색으로 예쁘게 물든 것을 볼 수 있지요.

봉숭아는 줄기가 굵어서 식물의 줄기 속을 관찰하기에 알맞아요. 그래서 빨강, 파랑, 노랑 색소를 탄 물에 봉숭아의 줄기를 담가 실험 관찰의 재료로 쓰기도 해요.

잘 익은 봉숭아 열매는 건드리면 톡 하고 터지면서 씨가 튀어나와요. 그래서인지 꽃말이 '나를 건드리지 마세요.'랍니다.

봉숭아는 꽃의 모양이 머리를 들고 날개를 펴면서 날아가는 봉황새*를 닮았다고 해서 '봉선화'라고도 불려요.

---

* **봉황새** : 예로부터 전해 내려오는 상상 속의 새. 수컷은 '봉', 암컷은 '황'이라 함.

억울한 속사정이 톡!

하루는 화려한 잔치가 자주 열리는 올림포스* 궁전이 발칵 뒤집혔어요. 신들에게 대접하려고 정성껏 준비한 황금 사과 하나가 사라졌거든요. 주인은 심술궂은 어느 신의 장난인 줄도 모르고 저녁을 준비하던 여인을 의심했어요.

"저는 절대 황금 사과를 훔치지 않았습니다!"

하지만 아무도 여인을 믿어 주지 않았어요. 여인은 결국 올림포스 궁전에서 쫓겨나고 말았답니다.

"난 정말 황금 사과를 훔치지 않았어! 난 결백해!"

여인은 정처 없이 떠돌다가 거리에서 쓰러져 죽고 말았어요. 이듬해 여름, 여인이 쓰러진 자리에서 봉숭아가 피어났대요. 하지만 꽃으로 피어난 뒤에도 여인의 한이 풀리지 않은 걸까요?

봉숭아 열매는 건드리기만 하면 씨앗이 톡 터져 나오곤 한답니다. 마치 여인이 자신의 결백을 주장이라도 하는 것처럼 말이에요.

*올림포스 : 그리스 신화에서 신들의 궁전이라고 믿어졌던 신령한 산봉우리.

왜 손톱을 물들일 땐 봉숭아를?

봉숭아는 꽃잎과 잎에 주황색 색소가 들어 있어요. 특히 잎에 색소가 많아서 꽃잎보다 잎을 따다 물들이면 색이 더 진하게 나와요. 꽃잎이 붉다고 다 주황색 색소가 있는 것은 아니예요. 그래서 물들이는 데는 봉숭아꽃을 쓰는 거랍니다.

씨앗 - 까맣고 동글동글해요.

잎 - 바깥이 톱니 모양이고 겹겹이 달렸어요.

꽃 - 한 줄기에 2~3송이 꽃이 피어요.

열매 - 털이 숭숭 돋아 있고 달걀 모양이에요.

봉숭아 한살이

봉숭아의 또 다른 이름은 무엇일까요?

01 봉선화

02 봉선아

03 복숭아

04 봉송아

생각 키우기

순우리말인 봉숭아의 다른 이름은 '봉선화'예요. 일제 강점기 때, 홍난파 선생님의 〈봉선화〉라는 노래가 알려지면서 '봉숭아'라는 이름보다 '봉선화'라는 이름이 널리 퍼진 거랍니다. **'봉선화'라는 이름은, 상상 속에 존재하는 새인 봉황새와 봉숭아의 꽃 모양이 닮았다고 해서** 붙여진 거예요.

정답 ❶

GUESS 07

누구일까요?

첫 번째 힌트	★ 겉과 속의 색깔이 달라요.
두 번째 힌트	★ 축구공만 한 크기예요.
세 번째 힌트	★ 검푸른 줄무늬가 있어요.
네 번째 힌트	★ 더운 여름에 많이 먹는 채소예요.
다섯 번째 힌트	★ 빨간 속살에 까만 씨앗이 들어 있어요.

 결정적 힌트 "여름을 시원하게 해 주는 열매"

Watermelon

수

↓
ㅅㅂ

- 꽃말 : 큰마음
- 꽃색 : 연한 누런색   • 열매 맺는 시기 : 7월
- 분류군 : 속씨식물문 〉 쌍떡잎식물강 〉 박목 〉 박과(충매화)
- 쓰임 : 식용

47

수박

여름 갈증을 풀어 주는 채소
수박

수박은 과일일까요, 채소일까요? 수박은 **밭**에 심어 기르고 **한해살이식물**에서 얻는 열매이기 때문에 **채소**에 속한답니다.

수박 줄기는 덩굴성으로 땅 위를 기며 가지가 나서 갈라져요. 열매에는 500~1,000여 개의 씨가 들어 있답니다.

여름철에 빼놓을 수 없는 **열매채소**인 수박은 **90퍼센트 이상이 수분**으로 이루어져 있어요. 다른 채소나 과일보다도 수분이 많은 편이어서 우리 몸에 쌓여 있는 **나쁜 찌꺼기**를 걸러 내주지요. 특히, **신장이 좋지 않은 사람**에게 참 좋답니다.

수박은 시원하게 해서 날로 먹기도 하고 설탕물에 썰어 넣어 화채로 만들어 먹기도 해요. 무더운 여름에 **갈증**을 풀어 주는 대표적인 채소로 많은 사람에게 사랑받는답니다.

당나귀 알 부화시키기

　어느 못된 수박 장수가 수박을 처음 보는 농부에게 비싼 값에 수박을 팔려고 했어요.
　"이건 당나귀 알이라오! 따뜻하게만 품어 주면 당나귀가 이히힝 하고 나올 거랍니다!"
　수박 장수의 말을 철석같이 믿은 농부는 수박을 사서 따뜻한 방 안에 두고 이불로 덮었어요. 그런데 웬걸요! 시간이 지나자 수박이 썩어서 고약한 냄새만 나는 거예요. 농부는 화가 나서 수박을 풀숲에 던져 버렸어요. 그런데 마침, 풀숲에 있던 당나귀가 놀라서 뛰쳐나왔어요. 당나귀를 보자, 농부는 웃으며 말했어요.
　"수박을 썩혀서 던져야 당나귀가 나오는데! 무식한 수박 장수 같으니라고. 헛헛!"
　농부는 흐뭇하게 웃으며 당나귀를 끌고 집으로 돌아갔답니다.

초록 집 속에 하얀 집, 하얀 집 속에 빨간 집인 채소는?

초록색인 겉껍질을 벗겨 내면 하얀 속살이 나오고, 그 속살을 벗겨 내면 붉은 속살이 나오고, 그 속에 까만 씨앗이 박혀 있는 것은 당연히 수박이지요. 수박의 겉모습과 속 모습을 보고 만든 수수께끼예요.

씨앗

검고 납작한 타원 모양의 씨앗이에요.

잎

길이가 10~18cm이고 3~4쌍으로 깊게 갈려요.

꽃

꽃잎이 5갈래로 갈렸지만 사실 통꽃이에요. 암꽃, 수꽃이 따로 펴요.

열매

둥글고 초록색 바탕에 검푸른 줄무늬가 보여요.

수박 한살이

다음 중 박과의 식물이 아닌 것은 무엇일까요?

01 곤지박

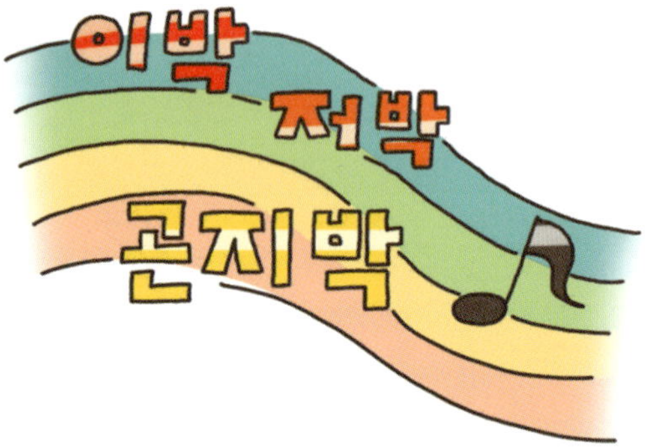

02 수박

03 조롱박

04 호박

생각 키우기

박과의 식물에는 박, 조롱박, 호박, 수박 등이 있어요. 흥부네 지붕 위에 탐스럽게 열린 것이 '박'이고요, 호리병처럼 생겨 술을 담는 그릇으로 쓰였던 게 '조롱박'이에요. 둥글넓적한 '호박', 둥그스름한 '수박'은 사람들이 즐겨 먹는 열매채소예요. 하지만 곤지박은 박이 아니고 〈이박저박〉이라는 전래 동요에 나오는 노랫말이랍니다.

정답 ❶

GUESS 08 누구일까요?

첫 번째 힌트	★ 꽃말은 **일편단심**이에요.
두 번째 힌트	★ **흰색, 분홍색** 등의 꽃을 피워요.
세 번째 힌트	★ ○○○꽃이 피었습니다!
네 번째 힌트	★ 피고 지고 또 피어 ○○○라네!
다섯 번째 힌트	★ 우리나라를 대표하는 꽃!

결정적 힌트 "삼천리 화려 강산∼♬"

Rose of Sharon

무
↓
ㅁ ㄱ ㅎ

- 꽃말 : 일편단심
- 꽃색 : 푸른색을 띈 자주색, 흰색, 분홍색 등   • 개화 시기 : 7~10월
- 분류군 : 속씨식물문 〉 쌍떡잎식물강 〉 아욱목 〉 아욱과(충매화)
- 쓰임 : 관상용, 가구재, 식용

무궁화

날마다 피고 지는 우리나라 꽃
무궁화

"무궁화 삼천리 화려 강산~ 대한 사람 대한으로 길이 보전하세~"

어때요? 〈애국가〉에 '무궁화'가 나오지요? 무궁화는 우리나라를 대표하는 꽃이거든요.

무궁화는 **7월부터 10월까지** 계속 **피었다 지기를 반복**해요. 한자로 '끝이 없이 피는 꽃(無 없을 무, 窮 다할 궁, 花 꽃 화)'이라는 뜻이지요. 끈질기고 **생명력** 강한 우리 민족과 많이 닮았다고 해서, 조상 대대로 무궁화를 매우 아끼고 사랑하는 거랍니다. 그래서 그런지 무궁화는 귀한 일을 나타내는 꽃으로 쓰였어요.

옛날, 과거에 급제하면 쓰던 **어사화***도 무궁화예요. 현재 우리나라를 빛낸 사람이 받는 가장 명예로운 훈장도 **무궁화 훈장**이에요. 이렇게 훌륭하고 귀한 일에 빠지지 않는 꽃, 무궁화! 역시 우리나라를 대표하는 명예로운 꽃이라고 할 만하지요?

* **어사화** : 조선 시대에 과거에 급제한 사람에게 임금이 주던 종이꽃.

일편단심 무궁화

　임금님이 무척 아끼는 신하가 셋 있었어요. 각각 구 참판, 박 참판, 정 참판이었는데, 임금님은 세 신하를 똑같이 사랑해서 벼슬도 똑같이 내려 주었답니다. 하지만 신하들은 서로 사이가 좋지 않았어요. 특히 충직하여 바른말을 잘하는 구 참판은 박 참판과 정 참판에게 늘 눈엣가시였지요. 그래서 박 참판과 정 참판은 구 참판을 모함하여 귀양을 보냈답니다.

　억울한 누명을 쓰고 귀양을 간 구 참판! 하지만 구 참판은 오히려 임금님을 위해 밥도 먹지 않고 기도만 했어요. 그러다가 몸이 약해져서 결국 죽고 말았지요. 구 참판이 죽고 난 뒤에 그의 무덤에서 꽃잎은 하얀데 속은 빨간 꽃이 피어났대요. 사람들은 하얀 꽃잎이 구 참판의 결백을, 빨간 속은 임금님을 향한 사랑을 나타낸다고 하였답니다. 죽어서까지 일편단심을 보여 준 이 꽃이 바로 무궁화예요.

무궁화는 통꽃? 갈래꽃?

꽃잎이 각각 떨어져 있으면 '갈래꽃', 아래쪽이 하나로 연결되어 있으면 '통꽃' 이라고 해요. 무궁화는 겉보기에 갈래 꽃처럼 보이지만 사실은 통꽃이랍니다. 그래서 꽃잎이 떨어질 때 통째로 떨어져 내리지요.

씨앗 긴 타원형의 씨앗에 털이 달렸어요.

잎 위쪽이 3갈래로 갈리고 가장자리에 톱니가 있어요.

꽃 암술과 수술이 같이 있고, 꽃잎 밑부분이 붙은 통꽃이에요.

열매 초록색에서 갈색으로 변하고, 껍질이 저절로 터져요.

무궁화 한살이

나라와 국화(國花)가 잘못 짝지어진 것은 무엇일까요?

01 영국 & 장미

02 대한민국 & 무궁화

03 중국 & 난

04 일본 & 벚꽃

생각 키우기

'국화(國花)'는 한 나라를 대표하는 꽃이에요. 나라마다 그 나라를 대표하는 꽃이 있는데, **영국은 장미, 중국은 매화, 일본은 벚꽃, 우리나라는 무궁화**예요. 무궁화는 고조선 이전부터 하늘나라의 꽃으로 귀하게 여겨졌고, 신라는 스스로를 '무궁화 나라'라고 불렀대요. 중국에서도 우리나라를 '무궁화가 피고 지는 군자의 나라'라고 칭송했답니다.

정답 ❸

GUESS 09

누구일까요?

첫 번째 힌트	★ **잎이 땅에 넓게** 펼쳐져 있어요.
두 번째 힌트	★ 길가에서 볼 수 있는 **봄꽃**이에요.
세 번째 힌트	★ **노란색**의 꽃을 피워요.
네 번째 힌트	★ **씨앗에 하얀 털**이 달려 있어요.
다섯 번째 힌트	★ 북한어로는 '문들레'라고 해요.

결정적 힌트 "일편단심 ○○○"

Dandelion

민

ㅁㄷㄹ

- 꽃말 : 감사하는 마음
- 꽃색 : 흰색, 노란색   • 개화 시기 : 4~5월
- 분류군 : 속씨식물문 〉 쌍떡잎식물강 〉 초롱꽃목 〉 국화과(충매화)
- 쓰임 : 식용, 약용

민들레

바람 타고 나는 솜털 씨앗
민들레

민들레를 후~ 불어서 **씨앗**을 날려 본 적 있나요?

민들레 씨앗에는 하얀 솜털이 달려 있어서 바람을 타고 멀리까지 날아갈 수 있어요. 이렇게 씨앗을 퍼뜨리는 꽃을 '**풍매화**'라고 하지요. 그러다가 땅에 떨어지면 그 자리에서 싹이 나고, 꽃을 피우기까지 일주일도 채 안 걸려요. 그래서인지 우리나라 곳곳에서 쉽게 민들레를 볼 수 있답니다. 그런데 아쉽게도 우리가 보는 민들레는 대부분 **서양민들레**예요. 서양민들레는 우리 토박이 민들레보다 키가 크고, 꽃이 봄부터 가을까지 계속 피어요.

민들레 잎은 땅에 붙어서 사방으로 펼쳐져 나요. 잎이 이불과 같은 역할을 해서 차가운 바람을 피할 수 있지요.

민들레는 보기만 좋은 게 아니라, 나른한 봄철에 입맛을 돋워 주기도 해요. 나물이나 김치로 담가 먹어도 아주 맛있는 식물이랍니다.

민들레가 된 별

옛날에 평생 한 가지 명령만 내릴 수 있는 임금님이 살았어요.
"휴, 아무리 나라가 부자면 뭐하나? 내 맘대로 할 수 있는 게 없는데!"
임금님은 자신의 운명을 이렇게 결정지은 별을 무척 원망했어요. 결국 참다못한 임금님은 처음이자 마지막으로 명령을 내렸어요.
"날 이렇게 만든 저 별들을 떨어뜨려 내가 밟을 수 있게 하라!"
임금님의 말이 떨어지기 무섭게 별들은 땅에 떨어져 노란 꽃이 되었어요. 이 꽃이 바로 민들레예요. 그리고 임금님도 양치기가 되었답니다. 평생 민들레를 밟으려면 임금보다는 양치기가 더 어울릴 테니까요.

자주 보는 민들레는 서양민들레라고?

토박이 민들레

서양 민들레

서양민들레는 토박이 민들레와 생김새가 비슷하지만 서로 달라요. 토박이 민들레는 꽃대가 위로 서 있고 봄에만 꽃을 피우며 꽃잎이 하얀색이나 연한 노란색이에요. 반면, 서양민들레는 꽃받침이 아래로 젖혀 있고, 봄부터 여름내 계속 꽃을 피우며 노란빛이 더 진하답니다.

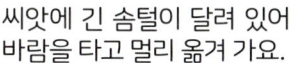
씨앗에 긴 솜털이 달려 있어 바람을 타고 멀리 옮겨 가요.

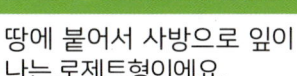
땅에 붙어서 사방으로 잎이 나는 로제트형이에요.

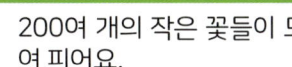
200여 개의 작은 꽃들이 모여 피어요.

긴 타원 모양으로 끝이 뾰족해요.

민들레 한살이

민들레 씨앗이 날리는 모습을 보고 사람들이 만든 발명품이 있대요. **무엇일까요?**

01 연

02 풍선

03 낙하산

04 비행기

생각 키우기

사람들은 **흰 털이 달린 민들레 씨앗이 둥둥 떠서 날아다니는 모습을 보고 낙하산을 만들었어요.** 자연에서 힌트를 얻어 만들어 낸 발명품은 이 외에도 여러 가지가 있어요. 유리창에 물건을 붙일 때 사용하는 흡착기는 문어의 빨판을 본떠 만들었고, 비행기는 새의 모양과 날갯짓을 본떠 만든 것이지요.

GUESS 10

누구일까요?

첫 번째 힌트	★ **덩굴식물**이에요.
두 번째 힌트	★ 작고 동그란 **열매**가 알알이 붙어 있어요.
세 번째 힌트	★ 열매는 보통 **보라색**이에요.
네 번째 힌트	★ 열매를 셀 때는 "한 **송이**, 두 송이"
다섯 번째 힌트	★ 와인은 ○○로 만든 술이에요.

결정적 힌트 "○○주, 청○○, 건○○"

Grape vine

포 → ㅍㄷㄴㅁ

- 꽃말 : 기쁨, 박애, 자선, 은혜
- 꽃색 : 연녹색 • 열매 맺는 시기 : 8~9월
- 분류군 : 속씨식물문 〉 쌍떡잎식물강 〉 갈매나무목 〉 포도과(충매화)
- 쓰임 : 식용

포도나무

알알이 열매가 열리는 나무
포도나무

동글동글한 보라색 열매가 탐스럽게 달린 포도는 보기만 해도 먹음직스럽지요. 그런데 포도는 기르기가 매우 까다로워요. 단맛이 풍부한 열매를 맺기 위해서인데요, 포도는 비가 많이 내리는 곳을 싫어해요. 비가 많이 내리면 습해지고 병충해*도 잘 생기기 때문이지요. 그래서일까요? 넓게 펼쳐진 포도나무의 잎은 손에 손을 잡고 포도 위에 우산을 씌워 주는 것만 같아요.

포도는 말려서 건포도로 먹기도 하고, 포도주, 주스, 잼 등을 만들어 먹기도 해요. 특히, 포도 전체 생산량의 80퍼센트는 포도주를 만드는 데 쓰인다고 하니 사람들이 마시는 포도주의 양도 어마어마하죠? 옛날에는 포도주를 신의 음료라고 귀하게 여겨서 왕과 귀족들만 마실 수 있었답니다.

*병충해 : 농작물이 병과 해충으로 인하여 입은 피해.

여우와 포도나무

 포도밭 울타리에는 여우가 간신히 들어갈 만한 구멍이 있었어요. 배고픈 여우는 구멍으로 들어가 마음껏 포도를 따 먹었지요.
 "우아! 맛있다. 많이 먹어야지!"
 한참을 먹으니 여우의 배가 볼록해졌어요. 그래도 여우는 욕심을 내서 더 따 먹었어요.
 "실컷 먹었으니 이제 그만 나가 볼까?"
 하지만 볼록해진 배가 구멍에 걸려 여우는 빠져나올 수가 없었어요. 결국, 여우는 다시 굶어야 했어요. 배가 전처럼 홀쭉해지고 나서야 포도밭을 빠져나올 수 있었지요. 지나치게 욕심을 부리면 결국 손해를 보고 망신을 당하게 된답니다.

맛있는 포도잼 만들기

준비물
포도 1kg(약 3송이)
설탕 800g(종이컵으로 5컵)
주걱, 냄비, 체, 깨끗한 유리병

① 포도를 깨끗이 씻고, 물기를 뺀 뒤, 냄비에 넣고 약한 불에서 약 20분 동안 끓여요.

② 포도 껍질이 터지면 불을 끄고 식힌 뒤에, 체에 껍질과 씨앗을 걸러요.

③ 걸러 낸 즙은 냄비에 넣고, 설탕을 조금씩 넣어 가며 즙이 졸아들 때까지 주걱으로 저어요.

④ 졸아든 액을 찬물에 떨어뜨렸을 때 물에 퍼지지 않으면 완성! 유리병에 담으세요.

씨앗

작은 씨앗이 2~3개 들어 있어요.

잎

끝이 넓게 갈라지며 가장자리에 톱니가 나 있어요.

꽃

황록색의 잔 꽃이 원뿔 모양으로 모여 피어요.

열매

둥근 열매가 다닥다닥 붙어 송이를 이루어요.

포도나무 한살이

환자의 기력을 북돋아 주는 링거액은 왜 이름이 '포도당 링거액'일까요?

01 포도처럼 단맛이 나서

02 포도랑 같은 색이라서

03 포도에서 처음 발견되어서

04 포도로만 만들 수 있어서

생각 키우기

포도당은 우리 몸 안에서 중요한 역할을 해요. 에너지를 공급해서 우리가 활동할 수 있도록 도와주거든요. 그래서 기력이 떨어진 사람이나 아픈 사람에게 포도당 링거액을 주사로 놓는 거예요. **포도당 성분은 포도에서 최초로 발견되어 이름이 '포도당'이 된 거랍니다.**

정답 ❸

GUESS 11

누구일까요?

첫 번째 힌트	★ **여러해살이풀**이에요.
두 번째 힌트	★ **자주색**의 꽃을 피워요.
세 번째 힌트	★ 양지바른 **무덤가**에 많아요.
네 번째 힌트	★ 머리가 흰 노인을 닮아 '백두옹'이에요.
다섯 번째 힌트	★ 할머니처럼 꽃대가 굽어 있어요.

결정적 힌트 "할배꽃? 할매꽃?"

Pasqueflower

할

→ ㅎㅁㄲ

- 꽃말 : 슬픈 추억
- 꽃색 : 자주색 • 개화 시기 : 4~5월
- 분류군 : 속씨식물문 〉 쌍떡잎식물강 〉 미나리아재비목 〉 미나리아재빗과(충매화)
- 쓰임 : 관상용

할미꽃

흰 털 씨앗이 할머니 닮은 꽃
할미꽃

할미꽃은 한자어로 '백두옹(白頭翁)'이라고 해요. 백두옹은 '머리가 하얗게 센 늙은이'라는 뜻으로, 할미꽃이 진 자리에 흰 털이 달린 씨앗이 맺히는데 그 모습이 꼭 흰머리를 늘어뜨린 할머니와 닮아 붙은 이름이에요. 그뿐 아니라 꽃이 지기 전의 꽃대도 할머니의 허리처럼 휘어 있어서 '젊어서도 할미꽃, 늙어서도 할미꽃'이라는 노랫말이 전해진답니다.

할미꽃은 독성이 있기 때문에 함부로 만지면 안 돼요. 특히 뿌리는 독성이 강해 사약을 만들 때 쓰였다고 해요. 예전에는 재래식 화장실에 넣어 구더기가 생기는 것을 막았다고도 하니 얼마나 독한지 알겠지요?

자줏빛을 띠는 할미꽃은 천연 염색 재료로도 쓰여요. 할미꽃으로 염색을 하면 연분홍빛으로 물들지요.

죽어서도 손녀를 그리는 마음

　세 손녀를 모두 시집보낸 할머니는 문득 손녀들이 보고 싶어 부잣집으로 시집간 첫째와 둘째 손녀를 차례대로 찾아갔어요. 하지만 두 손녀는 할머니의 차림새가 창피하다며 문 앞에서 돌려보냈지요. 할머니는 슬픔을 애써 참으며 가난한 집으로 시집간 셋째 손녀를 만나러 걸음을 옮겼어요. 그런데 그만 추위를 이기지 못하고 길에서 쓰러지고 말았지요. 이 사실을 알게 된 셋째 손녀는 할머니를 찾아 양지바른 곳에 묻어 드렸어요.

　이듬해 할머니의 무덤에 셋째 손녀의 집을 향해 허리를 꼬부린 꽃이 피어났어요. 이 꽃이 '할미꽃'이랍니다. 죽어서도 손녀를 보고 싶은 할머니의 마음이 꽃으로 피어났나 봐요.

할미꽃은 무덤을 좋아해?

할미꽃은 양지바르고 물기가 적으며 석회질이 많은 곳을 좋아해요. 무덤은 그런 조건을 두루 갖추고 있어 할미꽃이 자라기에 안성맞춤이랍니다. 그래서 무덤가에서 할미꽃을 많이 볼 수 있는 거예요.

씨앗 흰 머리카락 같은 솜털이 있어 바람에 잘 날아가요.

잎 깃털 모양의 겹잎이에요. 초록색인데 털 때문에 하얗게 보여요.

꽃 자줏빛 종 모양으로, 바깥쪽은 흰 털로 덮여 있어요.

열매 할머니의 하얀 머리카락 같아요.

할미꽃 한살이

씨앗에 솜털이 달려 바람을 타고 멀리 날아가는 식물이 아닌 것은 무엇일까요?

01 단풍나무

02 민들레

03 씀바귀

04 할미꽃

생각 키우기

할미꽃은 씨앗에 흰머리 같은 솜털이 달려 있어서 바람을 타고 멀리멀리 날아갈 수 있어요. 민들레 씨앗에도, 씀바귀 씨앗에도 하얀 솜털이 달려 있지요. 단풍나무 씨앗 역시 바람을 타고 날아가긴 하지만 솜털이 아닌 프로펠러 같은 날개가 달려 있다는 점이 다르답니다.

정답 ❶

GUESS 12

누구일까요?

첫 번째 힌트	★ 꽃말은 **번영**이에요.
두 번째 힌트	★ 이 나무의 열매를 '**도토리**'라고 해요.
세 번째 힌트	★ '**진짜 나무**'라는 뜻이에요.
네 번째 힌트	★ **굴참나무, 갈참나무** 등이 있어요.
다섯 번째 힌트	★ 참을성이 가장 많은 나무!

결정적 힌트 "ㅇ나무? 거짓나무?"

Oak tree

참

ㅊㄴㅁ

- 꽃말 : 번영
- 꽃색 : 흰색 • 열매 맺는 시기 : 9~10월
- 분류군 : 속씨식물문 > 쌍떡잎식물강 > 너도밤나무목 > 참나뭇과(충매화)
- 쓰임 : 가구재, 식용

참나무

나무 중에서 진짜 나무
참나무

참나무는 모든 나무 중에서 '진짜 나무'라고 하여 붙여진 이름이에요. '참'은 '진짜'라는 뜻이거든요.

참나무는 종류가 참 많아요. **갈참나무, 졸참나무, 굴참나무, 신갈나무, 떡갈나무, 상수리나무** 등이 있지요. 이 많은 참나무가 가진 공통점이 뭔지 알아요? 바로 열매로 **도토리**를 맺는다는 점이에요.

다람쥐는 도토리를 참 맛있게 먹지만, 사실 도토리는 '**타닌**'이라는 성분 때문에 **떫은맛**이 나요. 그래서 도토리묵이나 국수를 만들 때는 물에 담가 떫은맛을 우려내야 하지요.

참나무로는 주로 **가구, 참숯, 펄프** 등을 만들어요. 특히, 서양에서는 참나무로 술통을 만들어 술을 보관한다고 해요. 죽은 참나무에서는 **표고버섯**이 자라지요. 죽어서까지 참 쓸모 있는 나무죠?

참고 또 참아서 참나무?

　돼지가 길을 걷다 참나무 아래에서 잠이 들었어요. 마침 낮잠을 자던 참나무는 코를 고는 돼지가 시끄러웠지만, 꾹꾹 참았어요.
　돼지는 늘어지게 자다가, 한참이 지난 후에야 일어났지요.
　'이제 가겠지?'
　그런데 웬걸, 배가 고팠는지 주섬주섬 도토리를 주워 먹는 거예요. 참나무는 인사도 없이 자기 열매를 먹는 돼지가 얄미웠어요.
　"넌 나한테 고맙다는 말도 안 하니?"
　참나무가 쏘아붙이자 돼지가 말했어요.
　"어차피 떨어진 거 주워 먹는데 뭐가 고맙니?"
　꿈쩍도 못하는 참나무는 돼지가 괘씸했지만 또다시 꾹 참아야 했답니다.

참나무 여섯 형제 어떻게 구별하지?

- 잎이 길고 가늘면?
상수리나무, 굴참나무
- 잎이 크고 두툼하면?
신갈나무, 떡갈나무
- 졸참나무는?
갈참나무보다 잎이 작고 잎 뒷면에 털이 숭숭!

씨앗 다갈색의 껍질 안에 하얀 씨앗이 들어 있어요.

잎 잎은 어긋나고 가장자리에 톱니가 나 있어요.

꽃 연둣빛 쥐꼬리처럼 생겼어요.

열매 공 모양의 열매가 달려요. '도토리'라고 불러요.

참나무 한살이

'팔다리가 없는 몸통에 모자 쓴', 참나무의 열매는 무엇일까요?

01 감

02 밤

03 도토리

04 대추

생각 키우기

참나무의 열매는 도토리예요. **도토리 모양이 꼭 팔다리가 없는 몸통에 모자를 쓰고 있는 것 같아 만들어진 수수께끼**랍니다. 도토리는 숲에 사는 다람쥐, 청설모, 멧돼지가 좋아하는 먹이고요, 도토리가 가장 많이 열리는 나무는 참나무 중에서도 상수리나무랍니다.

정답 ❸

GUESS 13

누구일까요?

첫 번째 힌트	★ 그리스 어에서 **이름**이 유래했어요.
두 번째 힌트	★ 여덟 장의 꽃잎이 **둥글게 핀 꽃**이에요.
세 번째 힌트	★ 바람에 흔들려서 '살살이꽃'이라고 해요.
네 번째 힌트	★ '조화로운 우주'라는 뜻이에요.
다섯 번째 힌트	★ '가을' 하면 이 꽃이 떠올라요.

결정적 힌트 "코스모스 우주선 발사!"

Cosmos flower

코

→ ㅋㅅㅁㅅ

- 꽃말 : 순정
- 꽃색 : 흰색, 분홍색, 연보라색 • 개화 시기 : 6~10월
- 분류군 : 속씨식물문 > 쌍떡잎식물강 > 초롱꽃목 > 국화과(충매화)
- 쓰임 : 관상용

코스모스

바람에 흔들리는 조화로운 꽃
코스모스

　코스모스의 이름은 '조화'라는 뜻을 가진 그리스 어 '코스모스(Kosmos)'에서 유래되었어요. **여덟 장**의 꽃잎이 질서 있게 자리 잡고 있는 모습이 참 조화롭지요? 순우리말로는 '살살이꽃'이라고 해요. 코스모스가 바람결에 살랑살랑 흔들리는 모양을 보고 붙인 이름이에요.

　코스모스는 거름이 없는 메마른 땅에서도 잘 자라기 때문에 길가에 많이 심어 사람들의 눈을 즐겁게 해 준답니다. 그런데 하늘하늘 아름다운 여덟 장의 꽃잎이 사실은 씨앗을 맺지 못하는 가짜 꽃이라면 믿겠어요? 씨앗을 맺는 진짜 꽃은 가운데 있는 볼품없는 작은 꽃이래요. 작고 못생겨서 곤충들이 오지 않을까 봐 가짜 꽃을 매달고 유혹하는 거지요. 코스모스의 지혜가 참 놀랍지 않나요?

세상에 가장 먼저 피어난 꽃

하느님이 처음 세상을 만들 때의 일이에요.

하느님은 세상을 좀 더 아름답게 꾸미고 싶어 꽃을 만들기로 했어요. 그래서 가장 먼저 코스모스를 만들었지요.

하지만 최초의 꽃인데 화사해 보이기는커녕 너무 가냘파 보여서 하느님 마음에 영 들지 않았어요. 하느님은 코스모스를 놓고 이런 모양 저런 모양을 내 보고, 이런 빛 저런 빛으로 물들여 보기도 했어요.

그래서일까요? 코스모스는 색깔과 모양이 참 다양하답니다. 하느님이 처음 세상을 만들 때 만든 꽃이라고 해서 코스모스에는 '우주'라는 뜻도 담겨 있지요.

코스모스는 왜 가을에만 필까?

코스모스는 밤의 길이가 일정 시간 길어야 피어나기 때문에 주로 가을에 피는 거예요. 이런 식물을 '단일 식물'이라고 하는데, 벼나 콩 등도 단일 식물에 속해요. 하지만 요즘은 품종이 개량되어 봄, 여름에도 코스모스를 볼 수 있답니다.

씨앗 — 짙은 갈색으로 가늘고 끝이 뾰족해요.

잎 — 깃털 모양으로 갈라지며 독특한 냄새가 나요.

꽃 — 8장의 꽃잎 끝이 톱니 모양으로 얕게 갈라져요.

열매 — 짙은 갈색으로 끝이 부리 모양이에요.

코스모스 한살이

코스모스의 진짜 꽃은 무엇일까요?

01 가운데 노랗고 작은 꽃

02 여덟 장의 꽃잎

03 가장 큰 꽃잎

04 가장 길쭉한 꽃잎

생각 키우기

가짜 꽃으로 곤충을 꾀어내는 식물의 진짜 꽃은 정말 작고 볼품이 없답니다. 그래서 꽃가루받이 역할을 하는 벌이나 나비들이 알아채지 못하고 그냥 갈까 봐 화려한 가짜 꽃을 매달고 유혹하는 거예요. **코스모스의 진짜 꽃은 화려한 가짜 꽃 안쪽에 촘촘히 박힌 아주 작은 꽃**이랍니다.

정답 ❶

GUESS 14

누구일까요?

첫 번째 힌트	★ 꽃말은 **장수**예요.
두 번째 힌트	★ **공룡이 살던 시대**에도 있던 나무예요.
세 번째 힌트	★ 열매에서 **지독한 냄새**가 나요.
네 번째 힌트	★ **가을**이 되면 **노란색**으로 물들어요.
다섯 번째 힌트	★ **잎이 부채 모양**처럼 생겼어요.

결정적 힌트 "저축하러 ○○ 가요."

Ginkgo

은
↓
ㅇㅎㄴㅁ

- 꽃말 : 장수
- 꽃색 : 암꽃 – 녹색, 수꽃 – 연노란색 • 열매 맺는 시기 : 10월
- 분류군 : 겉씨식물문 > 소철강 > 은행나무목 > 은행나뭇과(풍매화)
- 쓰임 : 관상용, 식용, 가구재

은행나무

살아 있는 화석의 장수 나무
은행나무

"단풍잎은 빨간 손 은행잎은 노란 손
단풍잎도 은행잎도 귀여운 아기 손
단풍잎은 쫙 편 손 은행잎은 안 편 손"

어효선 선생님이 지은 동시 「아기 손」이에요. 그러고 보니 은행잎과 귀여운 아기 손이 정말 닮지 않았나요?

가을이면 **열매**도 **잎**도 노랗게 물드는 은행나무는 2억 5천만 년 전인 **고생대** 때부터 살아온 식물이에요. 그래서 '**살아 있는 화석**'이라고 불리지요. 천연기념물로 지정된 나무 중에 은행나무가 가장 많은 것도 이런 질긴 **생명력** 때문이에요. 천 년도 거뜬히 사는 **장수 나무**랍니다.

열매인 **은행**은 폐와 심장을 튼튼히 하고, 기침을 가라앉혀 약재로 쓰여요. 하지만 **씨앗**에 **독성**이 있어서 반드시 익혀서 먹어야 한답니다. 특히, 어린이는 하루 세 알 이상 먹으면 안 돼요.

나라 잃은 슬픔, 용문사 은행나무

천 년의 역사를 이어 오던 신라는 935년 고려에 항복했어요. 그래서 신라의 마지막 왕인 경순왕의 아들, 마의태자는 나라를 잃은 슬픔을 안고 금강산을 향해 떠났답니다.

마의태자는 울면서 걷고 또 걷다가 산 좋고 물 맑은 용문산에 이르렀어요. 그곳에서 마치 나라를 다시 세우듯, 은행나무 한 그루를 정성스레 심었지요. 잃어버린 조국, 천 년의 신라를 생각해서 천 년을 산다는 은행나무를 심은 거예요.

지금도 용문산에 있는 사찰, 용문사에는 천 년 된 은행나무가 위풍당당한 모습으로 서 있답니다.

용문사 은행나무

경기도 양평군의 용문사에 있는 은행나무는 동양에서 가장 크고 오래된 나무로 천연기념물 30호로 지정되었답니다.

은행나무는 오리발나무?

중국에서는 은행나무의 잎이 꼭 오리의 발을 닮았다고 해서 '오리발나무'라고도 불렀대요. 친구들도 부채처럼 넓게 퍼진 오리의 발을 떠올려 보세요. 정말 은행잎과 닮은 것 같지요?

씨앗 — 달걀 모양의 은빛 씨앗이 1개 들어 있어요.

잎 — 잎이 부채처럼 생겼어요.

꽃 (수꽃/암꽃) — 암꽃과 수꽃이 서로 다른 나무에서 피어요. 꽃잎과 꽃받침이 없어요.

열매 — 동그랗고 노란색을 띠며 고약한 냄새가 나요.

은행나무 한살이

은행나무 열매에서는 왜 고약한 냄새가 날까요?

01 커지기도 전에 썩어서

"난 너무 약해!"

02 천적이 가까이 오지 못하게 하려고

03 유난히 햇볕에 약해서

"태양이 싫어!"

04 몸에 좋은 건 쓰기 마련이니까

"몸에 좋은 것이 쓴겨!"

생각 키우기

은행나무 열매에는 **씨앗이 딱 한 개** 들어 있어요. 이 씨앗이 무사해야 또다른 은행나무가 자랄 수 있지요. 그래서 **씨앗을 감싼 열매에서는 고약한 냄새가 나요. 천적이 다가와도 먹기 싫게 말이에요.** 이런 방법으로 무사히 씨앗을 지켜 냈기 때문에 은행나무가 고생대부터 지금까지, 끈질긴 생명력을 유지할 수 있었답니다.

정답 ❷

GUESS 15

누구 일까요?

첫 번째 힌트	★ 꽃말은 **바라만 보는 사랑**이에요.
두 번째 힌트	★ **씨앗**을 먹으면 고소해요.
세 번째 힌트	★ **반 고흐**가 그린 꽃으로 유명해요.
네 번째 힌트	★ 해처럼 둥근 **노란색의 꽃**을 피워요.
다섯 번째 힌트	★ **태양의 꽃, 황금꽃**으로 불러요.

결정적 힌트 "왜 넌 해만 바라보고 있니?"

Sunflower

해

→ ㅎㅂㄹㄱ

- 꽃말 : 그리움, 기다림, 바라만 보는 사랑
- 꽃색 : 노란색, 밝은 황색   • 개화 시기 : 8~9월
- 분류군 : 속씨식물문 〉 쌍떡잎식물강 〉 초롱꽃목 〉 국화과(충매화)
- 쓰임 : 관상용, 식용

95

해바라기

해를 바라보고 피는 꽃
해바라기

해바라기는 꽃이 해를 바라보고 핀다고 하여 붙여진 이름이에요. 커다란 노란 꽃도 해를 쏙 닮았지요?

해바라기는 키가 장대같이 커서 멀리서도 잘 보여요. 쭉 뻗은 줄기는 매우 튼튼해서 크고 무거운 꽃이 쓰러지지 않게 받쳐 주지요. 뿌리도 줄기만큼이나 땅속에 길게 박혀 키가 큰 해바라기가 넘어지지 않도록 도와줘요.

씨앗은 잘 말려서 그냥 먹어도 고소하고, 기름을 짜서 식용유로 쓰거나 마가린, 비누, 페인트 등을 만들 때 재료로 쓰기도 해요.

이집트의 여왕 클레오파트라는 해바라기의 꽃가루를 화장품으로 즐겨 썼다고 해요.

아폴론을 사랑한 물의 요정

'클리티에'라는 아름다운 물의 요정 이야기예요.

어느 날, 클리티에가 하늘을 보고 있는데, 마침 해의 신 '아폴론'이 황금 마차를 타고 하늘을 달리고 있었어요.

"어쩜 저렇게 멋있을까! 저렇게 멋있는 분은 처음이야!"

클리티에는 아폴론에게 한눈에 반해 버리고 말았어요. 하지만 아폴론은 클리티에를 본척만척 지나쳐 버렸지요.

클리티에는 너무 속상해서 아무것도 먹지 않고, 늘 같은 자리에서 하늘만 바라보았답니다. 시간이 흐르자 클리티에의 모습이 점차 변하기 시작했어요. 다리는 땅속을 파고들어 뿌리가 되고, 몸은 줄기가 되고, 얼굴은 꽃으로 변했지요. 꽃은 아폴론의 상징인 해만 바라보고 피어났어요. 그래서 이름도 '해바라기'라고 부르게 되었답니다.

한 송이에 들어 있는 해바라기 씨앗은 몇 개?

해바라기는 대롱 모양의 작은 꽃이 지면서 그 밑부분에 씨앗이 생겨요. 크기에 따라 차이가 있지만 평균 1,500개 정도의 씨앗이 들어 있어요. 그 씨앗이 모두 꽃으로 피어난다면 수가 엄청나겠지만, 싹이 터서 다시 꽃을 피울 수 있는 것은 얼마 되지 않아요.

씨앗 — 1,500개 정도의 씨앗이 열매에 빽빽이 들어차 있어요.

잎 — 넓은 심장 모양으로, 가장자리에 톱니가 나 있어요.

꽃 (가짜 꽃, 진짜 꽃) — 가짜 꽃은 바깥쪽에, 진짜 꽃은 대롱 모양으로 안쪽에 피어요.

열매 — 진짜 꽃이 지면, 가장자리부터 까만 열매가 열려요.

해바라기 한살이

다음 중 해바라기 씨앗의 용도가 아닌 것은 무엇일까요?

01 기름을 짜요.

02 날것으로 먹어요.

03 찌꺼기는 비료로 써요.

04 땔감으로 써요.

생각 키우기

해바라기는 버릴 데가 하나도 없는 고마운 식물이에요. 활짝 핀 꽃은 예뻐서 보기에 좋고 길쭉한 줄기는 주로 땔감으로 쓰지요. 특히 해바라기의 씨앗은 **날것으로 먹기도 하고, 기름을 짜서 식용유로 쓰기도 해요. 기름을 짜고 남은 찌꺼기는 비료로 쓸 수도 있답니다.**

정답 ❹

GUESS 16

누구 일가요?

첫 번째 힌트	★ 9~10월 열매가 익어 **떨어져요**.
두 번째 힌트	★ 사람들은 열매가 아닌 **씨앗을** 먹어요.
세 번째 힌트	★ 오도독 오도독 씹으면 **딱딱해**!
네 번째 힌트	★ 겉에는 **뾰족뾰족한 가시**가 숭숭!
다섯 번째 힌트	★ 겨울이면 군고구마 장수, 군밤 장수.

결정적 힌트 "낮과 ○"

Chestnut tree

밤

ㅂㄴㅁ

- 꽃말 : 공평, 호화로움, 정의, 포근한 사랑
- 꽃색 : 카키색 • 열매 맺는 시기 : 9~10월
- 분류군 : 속씨식물문 〉 쌍떡잎식물강 〉 도밤나무목 〉 참나뭇과(충매화)
- 쓰임 : 식용, 가구재

밤나무

따끔한 가시 속 단단한 알
밤나무

9~10월 가을 산길에는 떨어져 있는 밤송이가 수북해요. 거리에서 솔솔 풍겨 오는 **군밤** 냄새는 **겨울**이 왔음을 알려 주지요.

밤은 뾰족뾰족한 가시로 덮여 있어요. 밤이 잘 익으면 가시 껍질을 쫙 벌려요. 그 안에는 보통 1~3개의 밤이 들어 있답니다.

밤은 날것으로 먹어도 삶아 먹어도 맛있지만, 한겨울에 구워 먹는 군밤의 맛은 더욱 일품이랍니다.

밤나무의 **줄기**는 결이 고르고 단단해서 집을 짓거나 가구를 만드는 등 주로 **목재**로 쓰여요. 잘 썩지 않아서 배는 물론 다리의 기둥, 철로 아래에 까는 나무로도 사용한답니다.

밤나무는 예로부터 조상을 섬기는 제사와 관계가 깊어요. 궁중에서는 종묘* 제사에 없어서는 안 될 나무였어요. 일반 가정에서도 '삼색과실'이라고 하여 제사상에 감, 대추, 밤은 꼭 올립니다.

*종묘 : 조선 시대에, 역대 임금과 왕비의 위패를 모시던 왕실의 사당.

"나도 밤나무요!"

율곡 이이의 어린 시절 이야기예요. 하루는 어떤 이상한 도사가 찾아와 율곡의 부모에게 말했어요.

"어허, 밤나무 천 그루를 심지 않으면 일찍 죽고 말겠어. 그것도 꼭 본인이 심어야 하오!"

그 말을 듣고 나서 율곡 이이는 어린 나이에도 매일매일 뒷산에 올라 밤나무 천 그루를 심었어요. 얼마 후, 이상한 도사가 다시 찾아와서 밤나무를 세어 보더래요.

"어허! 한 그루가 모자라지 않소?"

그러더니 갑자기 호랑이로 둔갑하여 율곡 선생을 잡아먹으려 했어요. 그때, 옆에 있던 한 나무가 "나도 밤나무요!" 하고 소리를 쳤어요. 밤나무를 구별할 줄 몰랐던 호랑이는 깜빡 속아 율곡 선생을 잡아먹지 못했답니다. 그때부터 이 나무의 이름을 '나도밤나무'라고 했대요.

따끔이 속에 빤빤이, 빤빤이 속에 털털이, 털털이 속에 냠냠이는?

밤이에요. 따끔따끔한 가시로 둘러싸여 있는 밤송이 속에는 빤질빤질한 알밤이 들어 있어요. 알밤을 까면 떨떠름한 속껍질이 있고, 그것을 벗겨야 맛있는 알이 나오지요.

씨앗 — 한 송이에 1~3개의 씨앗이 들어 있어요.

잎 — 길쭉하고, 가장자리에 침 같은 톱니가 나 있어요.

꽃 — 암꽃과 수꽃이 한 그루에 피어요. 꽃에서 짙은 향내가 나요.

열매 — 가시로 뒤덮여 있고 다 익으면 4갈래로 갈려요.

밤나무 한살이

조상들은 밤나무 잎을 쌀독에 넣어 두곤 했대요.
왜 그랬을까요?

01 쌀벌레가 생기는 것을 막으려고

02 쌀도둑이 훔쳐 가는 것을 막으려고

03 쥐가 들어오는 것을 막으려고

04 참새가 쪼아 먹는 것을 막으려고

생각 키우기

우리 조상들은 밤나무 잎을 따서 쌀을 모아 두는 뒤주 속에 넣어 두었다고 해요. **밤나무 잎에는 벌레를 막는 방충 성분이 들어 있어 쌀벌레가 생기지 않았거든요.** 요즘처럼 벌레를 막는 다양한 방충약이 개발되지 않던 시절, 주변의 식물을 이용해 생활의 크고 작은 문제들을 해결해 냈던 조상들의 지혜를 엿볼 수 있지요.

정답 ❶

GUESS 17

누구 일까요?

첫 번째 힌트	★ 길가에서 볼 수 있는 풀이에요.
두 번째 힌트	★ 옛날에는 이것의 **낟알**로 밥도 지었어요.
세 번째 힌트	★ 이것으로 **목덜미**를 간질이며 놀아요.
네 번째 힌트	★ 꽃에 **부드러운 털**이 나 있어요.
다섯 번째 힌트	★ '강아지꼬리풀'이라고도 불러요.

결정적 힌트 "강아지 꼬리를 닮았어요."

Foxtail

강
→
ㄱㅇㅈㅍ

- 꽃말 : 동심
- 꽃색 : 연녹색, 자주색   • 개화 시기 : 8~9월
- 분류군 : 속씨식물문 〉 외떡잎식물강 〉 벼목 〉 볏과(풍매화)
- 쓰임 : 관상용, 식용

107

강아지풀

강아지 꼬리를 닮은 풀
강아지풀

강아지풀! 이름이 참 귀엽지요?

이삭*이 강아지 꼬리를 닮아서 붙여진 이름이에요.

강아지풀의 이삭에는 털이 달려서 이것으로 목덜미를 간질이며 놀면 참 재미있답니다.

들이나 밭, 길가 어디서나 흔히 볼 수 있는 강아지풀은 소가 참 좋아하는 풀이에요. 이삭은 새들의 먹이가 되기도 하지요.

가난하던 옛 시절, 배고픈 백성들에게 좋은 먹을거리가 되어 주기도 했어요. 이삭을 바싹 말린 다음 손바닥으로 비비면 작은 씨앗이 떨어지는데, 이것을 쌀이나 보리와 섞어서 밥을 짓거나 죽을 쑤어 먹은 거예요. 뿌리는 기생충을 없애는 약으로 쓰이기도 했답니다.

*이삭 : 벼, 보리 따위 곡식에서, 꽃이 피고 꽃대의 끝에 열매가 더부룩하게 많이 열리는 부분.

강아지 레이의 넋

　일찍 부모를 여의고 홀로 사는 소녀가 있었어요.
　소녀는 흰 털이 복슬복슬한 '레이'라는 강아지와 서로 의지하며 살아갔지요.
　어느 날, 소녀가 레이와 숲에서 산책하고 있을 때였어요. 한 사냥꾼이 여우를 잡으려고 총을 쏘았는데 글쎄, 잘못해서 레이가 총에 맞은 거예요! 소녀는 순식간에 사랑하는 레이를 잃고 말았어요. 너무 슬퍼서 죽은 레이를 끌어안고, 울고 또 울었지요.
　날이 가고 해가 바뀌자, 소녀와 레이는 사라지고 그 자리엔 들꽃만이 흩날리고 있었어요. 그리고 마치 들꽃을 위로하듯, 강아지 꼬리를 닮은 강아지풀이 주위를 감싸며 나 있었답니다.

이건 금색 꼬리! 저건 자주색 꼬리?

강아지풀을 햇빛에 비춰 보세요. 강아지풀에는 꽃이삭의 색깔에 따라 '금강아지풀', '자주강아지풀' 등이 있어요. 또 유난히 꽃이삭이 길어 휘어지는 것도 있는데 주로 가을에 피어서 '가을강아지풀'이라고 해요.

씨앗

옅은 갈색으로 타원형이에요.

잎

어긋나게 달리고, 앞면을 만져 보면 껄끄러워요.

꽃

연녹색이나 자주색 원기둥 모양으로 곧게 서서 피어요.

열매

꽃이 피는 것과 똑같은 모습으로 익어 가요.

강아지풀 한살이

식물마다 이름이 붙여진 데는 이유가 있어요. 그 이유로 알맞지 않은 것은 무엇일까요?

01 강아지 꼬리를 닮아 강아지풀

02 할머니 허리를 닮아 할미꽃

03 청사초롱을 닮아 초롱꽃

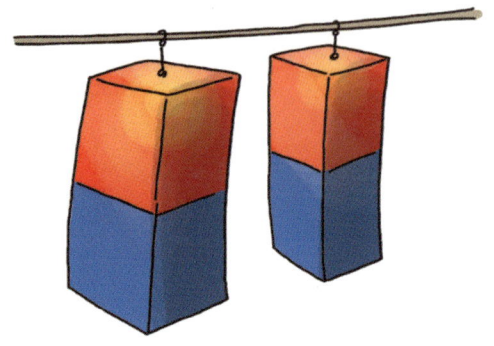

04 복숭아를 닮아 봉숭아꽃

생각 키우기

강아지풀처럼 우리나라 식물 중에는 모양이나 성질이 닮은 사물의 이름을 따서 식물 이름을 지은 것이 많아요. 허리가 구부러진 할머니를 닮은 '**할미꽃**', 투구 모양을 닮은 '**투구꽃**', 청사초롱을 닮은 '**초롱꽃**', 아기의 똥처럼 노란 즙이 나오는 '**애기똥풀**', 바늘 모양의 씨앗에 가시가 있어 동물의 털이나 사람의 옷에 붙어 다니는 '**도깨비바늘**'도 있답니다.

정답 ❹

GUESS 18

누구일까요?

첫 번째 힌트	★ 언제나 **푸르러**요.
두 번째 힌트	★ '松' 자는 '○○○ 송'이라고 읽어요.
세 번째 힌트	★ 잎이 바늘처럼 **뾰족**해요.
네 번째 힌트	★ 열매를 '**솔방울**'이라고 해요.
다섯 번째 힌트	★ 남산 위에 저 ○○○, 철갑을 두른 듯~

결정적 힌트 "솔나무? 송나무?"

Pine tree

소

ㅅㄴㅁ

- 꽃말 : 영원불변, 정절
- 꽃색 : 암꽃 – 자주색 수꽃 – 노란색, 갈색   • 개화 시기 : 5월
- 분류군 : 겉씨식물문 〉 구과식물강 〉 구과목 〉 소나뭇과(풍매화)
- 쓰임 : 관상용, 약용

소나무

언제나 푸르른 으뜸 나무
소나무

언제나 푸른 소나무는 한라산에서 백두산까지, 백령도에서 울릉도까지 자라지 않는 곳이 없을 정도로 우리나라 곳곳에서 볼 수 있는 나무랍니다.

'소나무'라는 이름은 '**나무** 중에서도 **으뜸**'이라는 뜻이에요. '으뜸'이라는 뜻의 '수리'가 '솔'로 변해 '나무'와 합쳐지면서 소나무가 되었거든요.

소나무는 단단하고 잘 썩지 않아 주로 궁궐과 사찰을 짓는 **목재**로 사용했어요. 또 흉년이 들었을 때는 속껍질인 **송기**를 벗겨 **죽**을 쑤어 먹었지요.

솔잎은 송편을 찔 때 넣고, 소나무의 꽃가루인 **송화 가루**로는 우리나라 전통 과자인 다식을 만들어 먹었어요. 소나무를 태운 그을음인 **송연**으로는 먹을 만들어서 글을 쓰고 그림까지 그렸으니, 정말 이름값을 톡톡히 하는 나무지요?

임금님께 충성한 소나무

　세조를 태운 가마가 소나무 아래를 지나게 되었어요. 가마를 보필하던 신하가 "소나무 가지에 가마가 걸리겠다." 하고 말하자, 소나무가 스스로 가지를 번쩍 들어 세조가 지나갈 수 있도록 길을 내주었어요.

　또 돌아오는 길에는 비가 오니까 소나무가 자신의 가지로 세조가 비를 맞지 않도록 막아 주었지요. 세조는 크게 기뻐하며 소나무에 정이품의 벼슬을 내렸어요.

　지금도 속리산 입구에 가면 '정이품송'을 만날 수 있어요. 임금님을 존경한 정이품 소나무는 나라의 보호를 받고 있답니다.

"남산 위에 저 소나무, 철갑을 두른 듯~"

〈애국가〉의 한 구절! 소나무의 큰 줄기를 보면, 왜 이런 노랫말이 나왔는지 알 수 있어요. 소나무의 줄기 표면은 마치 갑옷의 단단한 비늘 모양 같아서 철갑을 두른 것처럼 보이거든요. 소나무는 변함없고 꿋꿋한 지조와 절개를 잘 나타내고 있지요.

씨앗 — 날개가 달려 있어 먼 곳까지 날아갈 수 있어요.

잎 — 잎이 바늘처럼 뾰족해요. 2개의 잎이 뭉쳐서 나요.

꽃 (암꽃/수꽃) — 암꽃과 수꽃이 따로 있고, 꽃잎과 꽃받침이 없어요.

열매 — 암꽃이 자라 솔방울이 돼요. 조각마다 안에 씨앗이 들어 있어요.

소나무 한살이

다음 중 세금을 내는 소나무는?

01 우리나라에서 가장 큰 정이품송

02 동사무소에서 키우는 소나무

03 대통령이 키우는 소나무

04 재산이 있는 석송령

생각 키우기

천연기념물 제294호로 지정된 '석송령'은 경북 예천군 감천면 천향리 석평마을에 **자신의 토지를 가지고 있는 부자 나무**예요. 그래서 꼬박꼬박 세금까지 낸답니다. 600년이 넘은 아주 오래된 소나무인데, '이수목'이라는 사람이 세상을 떠나면서 자기의 유산을 이 소나무에게 물려주었기 때문에 부자 나무가 된 거랍니다.

정답 ❹

GUESS 19

누구일가요?

첫 번째 힌트	★ 꽃말은 **그리움**이에요.
두 번째 힌트	★ **한해살이풀**이에요.
세 번째 힌트	★ 긴 꽃대 끝에 **한 송이 꽃**이 피어요.
네 번째 힌트	★ **百日紅**
다섯 번째 힌트	★ 백 일 동안 붉은 꽃을 피워요.

결정적 힌트 "100일?"

Zinnia

백

ㅂㅇㅎ

- 꽃말 : 그리움
- 꽃색 : 흰색, 주황색, 분홍색, 빨간색, 노란색   •개화 시기 : 6~10월
- 분류군 : 속씨식물문 〉 쌍떡잎식물강 〉 초롱꽃목 〉 국화과(충매화)
- 쓰임 : 관상용

백일홍

백일 동안 붉게 피는 꽃
백일홍

　백일홍은 여름부터 초가을까지 **백 일** 동안 **붉은 꽃**을 피운다고 해서 붙여진 이름이에요.

　백일홍은 향기도 없고 꽃 모양도 화려하지 않지만, 웬만한 가뭄이나 더위에도 끄떡없이 꽃을 피워 **여름철에 가꾸기 좋은 꽃**이에요. 멕시코에서는 나쁜 기운을 쫓고 행복을 가져다주는 꽃이라고 여긴답니다.

　백일홍을 잘 살펴보면 꽃 안에 또 꽃들이 보일 거예요. 가장자리에 색색이 피어나는 것들이 꽃잎처럼 보이지만, 실은 각각 하나의 **암꽃**이에요. 그리고 가운데 핀 꽃은 암꽃과 수꽃이 모두 갖춰진 **양성 꽃**이지요.

　백일홍은 한해살이풀로 '**백일초**'라고 해요. '**목백일홍**'이라고 불리는 **배롱나무**와 헷갈리는 경우가 많은데, 이 둘은 전혀 다른 종류예요. "백일홍~!" 하고 부르면 풀과 나무가 서로 "저요", "저요" 할 것만 같지 않나요?

백 일간의 기다림

　아주 먼 옛날 어느 갯마을에 머리 셋 달린 무시무시한 이무기가 살았어요. 마을 사람들은 해마다 마을의 아름다운 처녀를 이무기에게 제물로 바쳐야 했지요. 그해는 연홍이의 차례였어요. 연홍이와 혼인하기로 한 바우는 길길이 날뛰며 반대했지요.

　"내가 이무기를 없애고 백 일 후에 돌아오겠소. 돌아오는 배에 흰 돛이 달렸으면 이무기가 죽은 것이고, 붉은 돛이 달렸으면 내가 죽은 줄로 아시오."

　연홍이는 날마다 바닷가에 나가 바우를 기다렸어요. 그리고 백 일째 되던 날, 멀리서 붉은 돛이 달린 배를 발견했어요. 연홍이는 너무 슬퍼 바다에 뛰어들었어요. 바우가 무찌른 이무기의 피가 흰 돛에 튀어 붉어진 줄도 모르고 말이에요. 그 후, 연홍이의 무덤에는 붉은 꽃이 백 일 동안 피었다가 지더래요. 백 일 동안 바우를 그리워하던 연홍이의 마음이 꽃으로 피어나는가 봐요.

백일홍과 목백일홍은 같은 식물일까?

꽃이 오랜 기간 피어 있다고 해서 둘 다 백일홍이라는 이름이 붙었지만, 백일홍은 풀이고, 목백일홍은 나무예요. 목백일홍의 진짜 이름은 '배롱나무'지요. 매끈한 줄기를 사람이 만지면 간지럼을 타듯 움직인대서 '간지럼나무'라고도 불려요.

배롱나무

씨앗 납작한 해바라기 씨앗처럼 생겼어요.

잎 기다랗고 끝부분이 뾰족해요.

꽃 색깔은 다양하지만 가운데 수술은 모두 노란색이에요.

열매 열매는 타원 모양으로 10월에나 볼 수 있어요.

백일홍 **한살이**

백일홍은 백 일 동안 붉은 꽃이 피어 붙여진 이름, '백년초'는 어떻게 **이름 지어진 걸까요?**

01 100년 동안 살아서

02 100년 만에 한 번 나와서

03 100가지 색이 있어서

04 100가지 병에 효력이 있어서

생각 키우기

천일홍은 천 일만큼 오랫동안 꽃이 피어 있다고 해서 천일홍이고, 백년초는 **100가지 병을 다스린다고 해서 백년초**예요. 천일홍은 주로 아프리카에서 자라고, 백년초는 '부채선인장'으로 우리나라 제주도에서 볼 수 있답니다.

정답 ❹

GUESS 20

누구일까요?

첫 번째 힌트	★ **흰색**과 **분홍색**의 꽃을 피워요.
두 번째 힌트	★ **꽃잎**이 떨어질 땐 **눈**이 날리는 것 같죠.
세 번째 힌트	★ **일본**의 **나라꽃**이에요.
네 번째 힌트	★ 열매는 '**버찌**'라고 불러요.
다섯 번째 힌트	★ 봄이 되면 곳곳에서 ○꽃 축제를 해요.

결정적 힌트 "벗나무? 벋나무?"

Cherry tree

벚

→ ㅂㅓㅊ

- 꽃말 : 절세미인
- 꽃색 : 흰색, 연분홍색   ● 개화 시기 : 4~5월
- 분류군 : 속씨식물문 〉 쌍떡잎식물강 〉 장미목 〉 장미과(총매화)
- 쓰임 : 가구재, 식용

벚나무

벚 열매가 열리는 나무
벚나무

나무 가득 피어 있는 꽃이 마치 팝콘이 알알이 달린 것 같은 벚나무! 벚나무는 그 종류도 참 많아요. 벚나무 중 제일 먼저 꽃을 피우는 올벚나무를 비롯해 왕벚나무, 섬벚나무, 산벚나무 등이 있지요. 이 모든 나무를 통틀어 벚나무라고 해요.

벚나무는 '벚이라는 열매가 달리는 나무'에서 비롯된 말이에요. 벚나무에 까맣게 대롱대롱 열리는 열매, 버찌는 '벚+씨', 즉 '벚씨'가 변하여 만들어진 말이랍니다.

대롱대롱 버찌!

버찌는 날것으로 먹거나 술을 담가 먹어요. 새나 짐승들의 먹이가 되기도 하지요.

한꺼번에 활짝 피어났다가 우수수 떨어지는 벚꽃의 모습은 무척 아름다운 풍경을 만들어 내요. 벚꽃이 한창일 때면 전국 곳곳에서 벚꽃 축제가 열린답니다.

벚나무가 된 산신령의 딸

병든 어머니를 모시고 사는 총각이 있었어요. 총각은 사슴의 뿔이 어머니 병에 좋다는 이야기를 듣고 사슴이 모여드는 백록담으로 올라갔어요. 그런데 거기서, 아주 아리따운 여인을 만난 거예요. 총각은 어머니도 잊고 여인과 꿈 같은 나날을 보냈어요.

그러던 어느 날, 총각이 잠에서 깨어 보니 여인은 온데간데없고 벚나무 한 그루만 덩그러니 서 있지 뭐예요? 여인은 사실 산신령의 딸이었는데, 사람과 결혼한 사실을 알게 된 산신령이 벌을 주어 벚나무로 변해 버린 것이었어요. 효심 지극한 총각이 아픈 어머니를 잊을 정도로 빼어난 미인이 변하여 된 벚나무. 벚꽃이 예쁜 건, 어쩌면 그 여인을 닮아서가 아닐까요?

벚나무로 팔만대장경을 만들었대!

벚나무는 쉽게 닳거나 뒤틀리지 않고 해충이나 습기에 강해요. 또한, 겉면이 매끄러워 글자를 새기기에 좋지요. 그래서 세계 문화유산인 팔만대장경*의 목판 재료로 쓰였대요.

*팔만대장경 : 고려 시대, 부처님의 가르침을 나무에 새긴 경판. 750여 년이 넘도록 원판이 보존되고 있는 세계 유일의 목판.

해인사 팔만대장경

씨앗 둥근 타원형이에요.

잎 타원형이며 가장자리에 불규칙한 톱니가 있어요.

꽃 암술과 수술이 같이 있고, 갈래꽃이에요.

열매 열매인 '버찌'는 6~7월에 흑자색으로 익어요.

벚나무 한살이

일본의 나라꽃인 왕벚나무의 원산지는 어디일까요?

01 한국 제주도

02 일본 동경

03 미국 워싱턴

04 중국 상하이

생각 키우기

벚나무는 일본의 나라꽃이니까 원산지가 일본이라고 생각하는 사람이 많지만, 사실 **왕벚나무의 원산지는 제주도 한라산**이에요. 제주도 한라산에서 자라던 왕벚나무가 일본으로 건너간 후, 오랫동안 그곳에서 자라 일본의 나라꽃이 된 거래요. 우리나라 국보로 고려 시대에 만들어진 '팔만대장경'도 이 왕벚나무로 만든 것이랍니다.

정답 ❶

GUESS 21

누구 일가요?

첫 번째 힌트	★ 꽃말은 **어머니의 사랑**이에요.
두 번째 힌트	★ '**다래**'라는 둥근 열매가 열려요.
세 번째 힌트	★ **문익점**이 붓두껍에 가져온 ○○씨!
네 번째 힌트	★ **열매**에 부드러운 **솜**이 들어 있어요.
다섯 번째 힌트	★ 이불솜, 옷솜, 약솜을 만들죠.

결정적 힌트 " '**나무꽃**'이란 뜻이에요. "

Cotton Plant

목

⬇

ㅁ ㅎ

- 꽃말 : 어머니의 사랑
- 꽃색 : 자주색, 흰색, 황색 • 개화 시기 : 8~9월
- 분류군 : 속씨식물문 〉 쌍떡잎식물강 〉 아욱목〉아욱과(충매화)
- 쓰임 : 공업용(공업에 쓰이는 물건), 식용, 관상용

131

목화

흰 솜털이 터지는 나무 꽃
목화

　식물은 보기에 아름다울 뿐만 아니라, 우리에게 먹을거리를 주고 약재로도 쓰이는 등 우리 생활에 여러 가지 도움을 주는 참 고마운 존재예요. 그런데 우리에게 입을 거리까지 주는 식물이 있어요. 바로 목화가 그렇답니다.

　목화는 한해살이풀로, 꽃이 무궁화와 비슷하게 생겼어요. 꽃이 피고서 하루 만에 시든다는 것도 무궁화와 닮았지요. 보통 8~9월에 꽃이 피고 지며 10월이 되면 열매를 맺는데, 이 열매를 '다래'라고 해요. 먹을 것이 부족했던 옛날에는 배고픔을 달래려고 따서 먹기도 했어요.

　다래가 익어서 터지면 씨앗과 흰 솜털이 드러나요. 목화의 씨앗은 기름을 짜서 마가린이나 비누, 화장품을 만드는 데 쓰고, 솜털은 이불솜, 옷솜, 약솜으로 쓰거나 실을 뽑아 옷감을 만드는 데 쓴답니다.

아낌없이 주는 어머니 사랑

아름다운 여인 '모노화'는 결혼해 행복하게 살고 있었어요. 그런데 그만 남편이 병으로 일찍 세상을 떠나고 말았어요. 모노화는 살길이 막막했어요. 무엇보다도 어린 딸이 걱정되었지요.

모노화는 자신의 옷을 딸에게 입혀 주고, 배고파 하는 딸에게 자신의 살을 도려내어 먹였어요. 그러다 병이 난 것일까요? 모노화도 얼마 안 되어 죽고 말았지요.

그 후 모노화의 무덤에 꽃 한 송이가 피었어요. 어린 열매는 먹을 수 있었고, 익으면 하얀 솜이 되었지요. 사람들은 모노화가 죽어서도 딸을 배부르고 따뜻하게 해 주려고 핀 꽃이라고 생각하여 그 꽃을 '모화'라고 불렀어요. 모화가 바로 '목화'랍니다.

목화가 어떻게 무명이 될까?

1. 씨아기
솜 안에 들어 있는 씨앗을 뽑아내요.

2. 솜타기
'솜활'이라는 기구로 솜을 뭉게뭉게 부풀게 해요.

3. 고치말기
말판을 가운데 끼우고 솜을 손으로 비비면서 길고 둥글게 말아 빼면 고치가 돼요.

4. 실뽑기
물레로 고치에서 실을 뽑아요.

5. 베날기
실을 여러 가닥으로 일정하게 가지런히 골라 모아요.

6. 베매기
날실에 풀을 먹이고 불을 지펴 실을 튼튼히 해요.

7. 베짜기
베틀로 무명을 짜요.

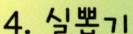 씨앗 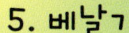 잎 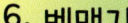 꽃 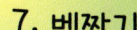 열매

흰 솜털 안에 검은 씨앗이 달렸어요. 씨앗으로는 기름을 짜요.

3~5갈래로 갈라진 손바닥 모양이에요.

필 때는 흰색인데, 질 때는 붉은색으로 변해요.

끝이 뾰족해요. 20~40개의 씨앗이 들어 있어요.

목화 한살이

문익점은 목화씨를 붓두껍에 넣어 우리나라에 들여왔어요. 왜 몰래 숨겨서 가져왔을까요?

01 붓대에서 키우려고

02 좋은 상품은 혼자 알고 싶어서

03 가져가지 못하게 해서

04 배고플 때 쉽게 꺼내 먹으려고

생각 키우기

당시에는 고려에 솜이 없어서 백성들은 추운 겨울에도 여름 옷을 입고 추위에 덜덜 떨어야 했어요. 그런데 문익점이 중국에 갔다가 솜으로 만든 무명옷을 보게 된 거예요. 그래서 솜을 만드는 재료인 목화씨를 가져와야겠다고 생각했지요. 하지만 **목화는 귀한 식물이라 중국에서 함부로 가져가지 못하게 해서** 숨겨서 가져온 거랍니다.

정답 ❸

GUESS 22

누구일가요?

첫 번째 힌트	★ 흰색 꽃이 **아름다워** 정원에도 심어요.
두 번째 힌트	★ **가을**이 되면 **열매**가 누렇게 익어요.
세 번째 힌트	★ **사과**보다 조금 큰 열매예요.
네 번째 힌트	★ **과수원**에서 많이 재배해요.
다섯 번째 힌트	★ **나주**에서 나는 ○가 특히 유명해요.

결정적 힌트 "떠다니는 ○? 배꼽이 있는 ○?"

Pear tree

배

ㅂㄴㅁ

- 꽃말 : 연정
- 꽃색 : 흰색 • 열매 맺는 시기 : 9~10월
- 분류군 : 속씨식물문 〉 쌍떡잎식물강 〉 장미목 〉 장미과(충매화)
- 쓰임 : 식용, 가구재

배나무

하얀 꽃이 피는 과일 나무
배나무

배나무는 우리나라 **과수원**에서 많이 재배하는 과일나무 중의 하나예요. 배나무에 꽃이 피면 과수원이 온통 **새하얀 꽃**으로 뒤덮이지요. 배나무의 하얀 꽃이 매우 아름다워 꽃을 보려고 가정집 뜰에 심기도 한답니다.

옛날 사람들은 열매가 큰 나무가 주인을 부자로 만들어 준다고 믿어서 배나무를 무척 사랑했다고 해요.

열매인 배는 아삭아삭 씹히는 맛과 시원하고 달콤한 **과즙**이 일품이에요. 배는 주로 껍질을 깎아 **날것**으로 먹지만, 김치나 동치미, 냉면, 소고기 육회를 만들 때 넣어 먹으면 시원한 맛이 나요. 또 고기를 잴 때 배를 갈아 넣으면 고기를 연하게 만들어 주지요. 배는 많은 나라에서 재배되고 있지만, 특히 우리나라의 배가 맛이 좋아 외국으로 **수출**도 한답니다.

까마귀 날자 배 떨어진다?

"까마귀 날자 배 떨어진다."는 속담을 들어 본 적 있나요?

아무 관계도 없이 한 일이, 우연히 다른 일과 동시에 일어나는 바람에 공연히 남의 의심을 받게 된다는 뜻의 속담이에요.

예부터 우리나라에 살아온 까마귀는 배 농사를 짓는 농부들에게 반갑지 않은 손님이었어요. 나무에 주렁주렁 매달린 배를 쪼아서 파 먹기 일쑤였거든요. 그래서 농부들은 까마귀가 배나무에 앉기만 해도 멀리 쫓아내느라 바빴어요.

까마귀가 배를 파 먹으려고 나무에 앉은 게 아닌데도, 까마귀가 날아오를 때 하필 배라도 떨어지면 농부들의 따가운 눈초리를 받아야 했지요. 이럴 땐 까마귀도 참 억울했겠지요?

한자로는 '오비이락(烏飛梨落)'이라고 해요.

배나무 vs 돌배나무

배나무		돌배나무	
돌배나무보다 서너배 커요.	열매 크기	지름이 3cm예요.	
과즙이 많고 살이 연하며 시원하고 단맛이 나요.	열매 맛	과즙이 적고 딱딱한 데다 시고 텁텁해요.	
과수원에서 재배해요.	사는 곳	산과 들에서 스스로 자라요.	
키가 작지만, 재질이 좋아 가구재로 쓰여요.	특징	목재로 쓰일 만큼 재질이 좋아요.	

씨앗 — 작고 까만 씨앗이 여러 개 들어 있어요.

잎 — 끝이 뾰족한 편이며 가장자리에 톱니가 나 있어요.

꽃 — 5장의 꽃잎이 각각 떨어져 있는 갈래꽃이에요.

열매 — 크고 둥글며 가을이 되면 누렇게 익어요.

배나무 한살이

배가 익으면 주로 종이로 감싸 놓아요. 그 이유가 아닌 것은 무엇일까요?

01 벌레가 못 먹게 하려고

02 햇빛을 막으려고

03 새들이 자꾸 먹어서

04 종이가 제일 싸서

생각 키우기

여름이 되어 어느 정도 배의 열매가 굵어지면 열매 하나하나를 종이로 감싸 준답니다. 까치, 까마귀와 같은 **날짐승이나 벌레들이 파 먹지 못하게** 하려는 거예요. 또 종이에 싸 두면 **배가 햇빛을 덜 쬐어 고유의 빛깔을 간직**할 수 있답니다. 종이 덕분에 빛깔 좋고 싱싱한 배를 맛있게 먹을 수 있는 거예요.

정답 ❹

GUESS 23

누구일가요?

첫 번째 힌트	★ **두해살이풀**이에요.
두 번째 힌트	★ 봄에 **노란색의 꽃**을 피워요.
세 번째 힌트	★ **따뜻한 남쪽** 지방에서 많이 펴요.
네 번째 힌트	★ **제주도**의 특용작물이에요.
다섯 번째 힌트	★ '**기름을 짜는 채소**'라는 뜻이에요.

 **결정적 힌트** "제주도 하면 ○○꽃!"

Rape flower

유 → ㅇ ㅊ

- 꽃말 : 쾌활
- 꽃색 : 노란색 • 개화 시기 : 3~4월
- 분류군 : 속씨식물문 > 쌍떡잎식물강 > 양귀비목 > 십자화과(충매화)
- 쓰임 : 관상용, 공업용

유채

씨에서 기름을 짜는 채소
유채

4월의 제주도는 무척 아름다워요. 제주도 전체가 온통 노랗게 변하거든요. 제주도의 대표 식물인 노란 유채꽃 때문이랍니다. 유채꽃이 한창일 때는 유채꽃 축제도 열려요. 제주도의 특산품도 알리고, 관광객의 눈도 즐거운 축제이지요.

유채는 두해살이풀로, 보통 가을에 싹이 나서 어느 정도 자라 겨울을 나고 이듬해 4월쯤에 노란색 꽃을 피운답니다. 꽃이 피기 전의 잎은 맛이 달콤하고 연해서 김치로 담가 먹거나 나물로 무쳐 먹어요. 꽃에서는 달콤한 유채꿀도 얻을 수 있지요. 하지만 유채에서 얻을 수 있는 가장 큰 수확은 뭐니 뭐니 해도 씨앗에서 짜낸 기름이에요. 유채기름은 연료, 비누, 윤활유 등의 재료로 쓰여요. 게다가 기름을 짜고 남은 찌꺼기에도 단백질이 풍부하게 들어 있어서 사료나 비료로 쓰인답니다.

안타까운 사랑

이집트에 수천 마리의 양을 키우던 '헤잠'이라는 청년의 이야기예요.

'아딜러'라는 아가씨는 헤잠을 몰래 짝사랑하고 있었어요. 그런데 아딜러를 사랑한 '무하마'는 아딜러에게 청혼하며 이렇게 말했어요.

"헤잠은 부자라서 너하고는 안 어울려!"

무하마의 말을 듣고, 아딜러는 헤잠을 포기하고 무하마와 결혼했어요. 하지만 실은 헤잠 역시 아딜러를 무척 사랑하고 있었답니다.

헤잠은 아딜러의 결혼 소식을 듣고는 너무 슬퍼서 자신이 기르던 수천 마리의 양을 모두 죽이고 자신도 죽고 말았어요.

그 뒤, 헤잠의 목장에 씨앗이 붉은 노란 꽃들이 피어났는데, 그 꽃이 바로 유채꽃이에요. 유채꽃의 씨앗이 붉은 것은 양들과 헤잠의 피 때문이라고도 전해진답니다.

유채꽃은 왜 제주도에 많이 필까?

유채꽃은 추운 겨울을 지내고 난 유채에서 꽃대가 올라와 피어난 꽃으로 제주도뿐만 아니라 따뜻한 남쪽 지방에서 많이 볼 수 있어요. 제주도는 우리나라에서 봄이 가장 빨리 오는 곳으로 3~4월만 되어도 유채꽃이 만발한 아름다운 장관을 볼 수 있답니다.

씨앗 — 둥근 모양의 흑갈색 씨앗이 한 열매에 20개 정도 들어 있어요.

잎 — 밑이 귀처럼 처져서 줄기를 감싸고 있어요.

꽃 — 노란 꽃이 아래쪽에서 위쪽으로 무리 지어 피어요.

열매 — 가늘고 긴 꼬투리 모양의 열매가 열려요.

유채 한살이

'유채'라는 이름에는 무슨 뜻이 담겨 있을까요?

01 유리를 만드는 채소

02 기름을 짜는 채소

03 우유를 짜는 채소

04 과자를 만드는 채소

생각 키우기

'유채(油菜)'는 '기름 유(油)'에, '나물 채(菜)'란 한자 뜻풀이 그대로 '기름을 짜는 나물'이라는 뜻이에요. 캐나다에서는 씨앗에서 짜낸 유채 기름을 '카놀라(canola)'라는 이름으로 상품화해서 전 세계로 수출하고 있어요. 유채 기름은 콩에서 짜낸 콩기름, 팜나무의 열매에서 짜낸 팜유 다음으로 많이 쓰이는 식물성 기름이랍니다.

정답 ❷

GUESS 24

누구일가요?

첫 번째 힌트	★ 꽃말은 풍요, **다산**이에요.
두 번째 힌트	★ 작은 열매 안에 **씨앗**이 **한 개**!
세 번째 힌트	★ **초록**색 열매가 익으면 **빨갛**게 변해요.
네 번째 힌트	★ **차**로 끓여 마시기도 해요.
다섯 번째 힌트	★ 열매가 많이 열리는 나무예요.

결정적 힌트 "대충?"

Jujube tree

대

→ ㄷㅊㄴㅁ

- 꽃말 : 풍요, 다산
- 꽃색 : 연녹색 • 열매 맺는 시기 : 9～10월
- 분류군 : 속씨식물문 〉 쌍떡잎식물강 〉 갈매나무목 〉 갈매나뭇과(충매화)
- 쓰임 : 식용, 가구재

149

대추나무

열매가 가장 많이 열리는 나무
대추나무

대추나무 한 그루에는 셀 수 없이 많은 **대추**가 열려요. 어찌나 많이 열리는지, 나무 줄기를 잡고 흔들기만 해도 후두둑 떨어져서 대추나무의 열매는 '딴다'고 하지 않고 '턴다'고 말할 정도예요.

비바람이 불어도, 대추나무의 꽃은 꽃 한 송이에 열매 한 알을 맺고 나서야 땅으로 떨어진다니까 허투루 피어나는 꽃이 없는 거지요. 그래서인지 전통 혼례에서는 **자손**을 많이 낳으라는 뜻으로 신부의 치마폭에 대추를 던져 주었답니다.

대추나무는 **생명력**이 강해서 오랫동안 뿌리를 내려요. 또 다른 나무에 비해 단단해서 떡메, 달구지 등의 **연장**이나 목탁, 불상 등의 **공예품**을 만드는 데 많이 쓰이지요. 열매인 대추는 날것으로 먹기도 하고, 말려서 **한약재**나 음식의 재료로도 쓰인답니다.

떡메 / 목탁 / 달구지

신선과 함께한 하루

한 농부가 산에서 땔감을 구하다가 깊은 산속까지 들어가게 되었어요. 그리고 그곳에서 바둑을 두고 있는 두 신선을 만났지요.

"어허, 깊은 산중에 사람을 만나다니. 반가우니 이걸 줌세."

신선들은 농부에게 작은 열매를 건넸어요. 열매는 말로만 듣던 신선의 열매, '대추'였어요. 농부는 처음 보는 대추의 맛에 흠뻑 빠져 두 신선의 바둑 놀이를 구경했지요.

해 질 무렵이 되자 슬슬 내려가야겠다고 생각한 농부, 그런데 도끼를 집어 들고 깜짝 놀라고 말았어요. 멀쩡하던 도낏자루가 까맣게 썩어 있었던 거예요. 이상하다 싶어서 서둘러 마을로 내려왔는데 글쎄, 마을도 온통 딴판으로 변해 있었어요. 알고 보니, 농부가 산에 올라간 지 이백 년이 흐른 뒤였어요.

대추 맛이 얼마나 좋았던지 시간 가는 줄 몰랐던 거랍니다. 그래서 "신선 놀음에 도낏자루 썩는 줄 모른다."라는 말이 나온 거래요.

대추가 임금님을 뜻한다고?

제사상의 맨 앞줄에는 대추, 밤, 감, 배가 놓여요. 씨앗 수가 한 개인 대추는 임금을, 세 개인 밤은 삼정승을, 여섯 개인 감은 육판서를, 여덟 개인 배는 팔도 관찰사를 뜻했기 때문이에요. 대추가 열매는 작지만 씨앗 수가 단 한 개라서 임금님을 상징한대요.

씨앗
열매 안쪽 중앙에 1개의 씨앗이 들어 있어요.

잎
가장자리에 톱니들이 나 있고, 3개의 잎맥이 뚜렷해요.

꽃
연녹색 꽃이 피어요.

열매
타원형으로 표면에서 윤이 나요.

대추나무 한살이

대추나무는 '양반나무'라는 별명이 있어요. 그 이유는 무엇일까요?

01 양반이 사는 집에 살아서

02 양반이 죽은 무덤가에 살아서

03 잎이 가장 빨리 피어나서

04 잎이 가장 늦게 피어나서

생각 키우기

대추나무는 **나무 중에서도 가장 늦게 잎이 돋아나요.** 어떤 곳에서는 5월이 지나도록 아무 소식 없다가 6월이 되어서야 겨우 잎이 돋아나지요. 옛날 사람들은 이러한 대추나무를 보고 모든 일을 천천히 신중하게 생각해 행동하는 양반 같다고 하여 '양반나무'라고 불렀답니다.

정답 ❹

GUESS 25

누구일까요?

첫 번째 힌트	★ 초록색 **열매채소***예요.
두 번째 힌트	★ **모양**이 **길쭉**해요.
세 번째 힌트	★ **김치**로 담가 먹기도 해요.
네 번째 힌트	★ 씹으면 **아삭아삭**!
다섯 번째 힌트	★ 얇게 썰어서 피부 마사지도 해요.

*열매채소 : 열매를 먹는 채소.

결정적 힌트 "○○지, ○○ 피클, ○○소박이!"

Cucumber

오○○

- 꽃말 : 동감, 변화, 존경, 애모
- 꽃색 : 노란색   • 열매 맺는 시기 : 6~7월
- 분류군 : 속씨식물문 > 쌍떡잎식물강 > 박목 > 박과(충매화)
- 쓰임 : 식용

155

오이

수분 가득! 길쭉한 초록 열매

오이

"오이 같은 내 얼굴 길기도 하구나~
눈도 길쭉 코도 길쭉 입도 길쭉길쭉~"

오이는 길쭉한 **열매채소**예요. 꽃이 진 자리에 열매가 열리지요. 오이는 날것으로 먹거나 오이소박이, 오이지, 오이 피클로 만들어 먹어요. 누렇게 익으면 장아찌를 담그거나 무쳐서 먹을 수도 있답니다.

게다가 **90퍼센트 이상이 수분**으로 이루어져 있어서 목이 마를 때 먹으면 좋지요. 또 몸 속의 **노폐물**을 몸 밖으로 빼내고 몸의 열을 식히는 데도 도움을 준답니다. 피부가 불에 데이거나 햇볕에 탔을 때, 오이를 얇게 썰어 상한 피부 위에 얹어 두면 쉽게 열을 내릴 수 있지요. 그뿐만 아니라 피부를 매끄럽게 해 줘서 '먹는 화장품'이라고도 불린답니다.

방귀 안 뀐 사람이 심는 오이

　홀어머니와 사는 똘이는 어머니가 방귀를 뀌는 바람에 아버지에게 쫓겨났다는 사실을 알게 되었어요. 똘이는 곰곰이 생각하다가 오이씨 하나를 들고 아버지의 집 앞에서 외쳤어요.
　"아, 방귀를 한 번도 안 뀐 사람이 심어야만 열리는 오이가 왔어요. 오이씨 사려!"
　똘이가 외치는 소리를 듣고는 아버지가 나와서 말했어요.
　"이 녀석아! 세상에 방귀 한 번 안 뀐 사람이 어디 있느냐?"
　"그럼 아버지는 왜 방귀를 뀐 어머니를 쫓아냈나요?"
　아버지는 그제야 잘못을 알아차리고 아들과 아내를 데려와 행복하게 살았답니다.

수세미외도 먹을 수 있을까?

어린 열매는 먹을 수 있어요. 하지만 다 자라면 속에 있는 섬유질이 그물처럼 열매 안을 가득 채우기 때문에 먹지 못해요. 그래서 부엌에서 쓰는 수세미로 만들어 쓰거나 신발 바닥의 깔개, 슬리퍼, 바구니를 만드는 데 쓰지요.

수세미외

씨앗 — 열매 중앙에 씨앗이 알알이 박혀 있어요.

잎 — 가장자리에 잔 톱니들이 나 있고, 3개의 잎맥이 뚜렷해요.

꽃 — 짙은 노란색 꽃이 피어요.

열매 — 길쭉하고 겉이 오돌토돌해요.

오이 한살이

오이는 암꽃과 수꽃이 따로 피어요.
암꽃과 수꽃은 어떻게 구분할 수 있을까요?

01 열매

"암꽃이 품어야지!"

02 색깔

"암꽃인 내가 훨씬 예쁘지!"

03 모양

04 꽃받침

생각 키우기

오이는 **꽃 아래에 씨방이 달려 튀어나온 것이 암꽃, 없으면 수꽃**이랍니다. 다른 식물과 달리 오이는 **꽃가루받이*가 없어도 열매를 맺을 수 있어요.** 한 식물에 너무 많은 열매가 맺히거나 환경이 나쁠 때는 열매가 열리지 못하고 시들기도 해요. 수세미외와 호박도 오이처럼 암꽃과 수꽃이 따로 피어, 암꽃 아래 열매가 열린답니다.

*꽃가루받이 : 수술의 꽃가루가 암술머리에 옮겨 붙는 일.

정답 ❶

GUESS 26

누구일까요?

첫 번째 힌트	★ 꽃말은 **사랑의 즐거움**이에요.
두 번째 힌트	★ **꽃이 먼저 피고** 잎이 나중에 피어요.
세 번째 힌트	★ **산기슭**에서 많이 볼 수 있어요.
네 번째 힌트	★ **먹을 수도** 있어요.
다섯 번째 힌트	★ '**두견화**', '**참꽃**'이라고도 해요.

결정적 힌트 "진짜 달래? 가짜 달래?"

Azalea

진

→ ㅈㄷㄹ

- 꽃말 : 사랑의 즐거움
- 꽃색 : 분홍색, 자홍색, 연분홍색 • 개화 시기 : 4~5월
- 분류군 : 속씨식물문 〉 쌍떡잎식물강 〉 진달래목 〉 진달랫과(충매화)
- 쓰임 : 관상용, 식용, 약용

진달래

꿀이 가득해 달달한 참꽃
진달래

"진달래 먹고 물장구치고 다람쥐 쫓던 어린 시절에~"

〈어린 시절〉이라는 노래를 잘 들어 보세요. 진달래를 먹었다는 부분이 나오지요? 이렇게 먹을 수 있는 꽃을 '참꽃'이라고 해요. 진달래는 다른 꽃보다 유난히 꿀이 많아 옛날에는 아이들이 놀다가 출출하면 진달래를 많이 따 먹었어요.

봄이 되면 노란색 개나리와 함께 분홍색으로 온 산을 물들이는 진달래! 진달래도 개나리처럼 잎보다 꽃이 먼저 피어요.

음력 3월 3일 삼짇날*이 되면 진달래 꽃잎을 따다 쌀가루 반죽 위에 올리고 참기름을 발라 화전을 부쳐 먹으며 봄맞이를 즐겼어요. 진달래는 조상 대대로 우리와 함께한 오랜 친구랍니다.

진달래 화전

*삼짇날 : 봄이 왔음을 알리고, 봄놀이를 즐기는 잔칫날.

진과 달래의 사랑

늠름한 총각 '진'과 꽃다운 처녀 '달래'는 깊이 사랑하는 사이였어요.

그런데 어느 날, 임금님이 열여덟 살이 된 처녀들을 제물로 바치라고 명령했지요. 불행히도 달래는 그해 열여덟 살이었답니다. 진은 서둘러 달래를 숨겼지만 군사들이 눈치채고, 진을 대신 잡아갔어요.

잡혀간 진의 목에 칼이 꽂히려는 찰나, 허겁지겁 뛰어 들어온 달래가 "제가 죽을게요!" 하며 칼을 자신의 가슴에 꽂았어요. 놀란 진은 애통해하며 그 자리에서 함께 따라 죽고 말았지요.

그 후, 진과 달래의 피가 흐른 자리에서 붉은 진달래가 피어났어요. 꽃으로 피어난 진과 달래는 다시 행복하게 사랑을 나누고 있는 걸까요? 진달래의 꽃말은 '사랑의 즐거움'이에요.

꽃싸움엔 진달래가 최고!

옛날 아이들은 진달래에서 긴 꽃술을 뽑아 꽃싸움을 했대요. 꽃싸움은 꽃술을 서로 마주 걸고, 당겨서 상대편의 꽃술을 끊는 놀이예요. 꽃술이 끊어지면 진 것이기 때문에 이기려고 좀 더 길고 굵은 꽃술을 찾아 썼다고 해요.

씨앗 — 작은 씨앗이 가득 들어 있어요.
잎 — 타원형으로 잎끝이 뾰족해요.
꽃 — 5갈래로 갈라진 깔때기 모양의 통꽃이에요.
열매 — 긴 달걀 모양이고, 익으면 5개로 갈라져요.

진달래 한살이

먹을 수 있는 진달래는 '참꽃'이라고 해요. 먹을 수 없는 철쭉은 무엇이라 할까요?

01 거짓꽃

02 똥꽃

03 못먹는 꽃

04 개꽃

생각 키우기

진달래는 '참꽃'이라 전으로 부쳐 먹고 술도 담가 먹어요. 하지만 비슷하게 생겼어도 **철쭉은 '개꽃'**이라 하여 먹지 못하는 꽃이에요. 철쭉을 변소에 넣으면 구더기가 모조리 죽을 정도로 독성이 강하기 때문이에요. 그러니까 진달래와 철쭉을 잘 구별해야겠지요? **꽃만 피어 있으면 진달래, 꽃이 잎과 같이 피어 있으면 철쭉**이랍니다.

정답 ❹

GUESS 27

누구일가요?

힌트	내용
첫 번째 힌트	★ **여러해살이풀**이에요.
두 번째 힌트	★ **연못**이나 **논**에서 자라요.
세 번째 힌트	★ 한자어로 '**부평초**'라고 해요.
네 번째 힌트	★ 물 위를 둥둥 떠다녀요.
다섯 번째 힌트	★ '**머구리밥**'이라고도 해요.

결정적 힌트 "개구리의 밥?"

Duckweed

개구리밥

- 꽃말 : 나그네, 떠돌이
- 꽃색 : 흰색 • 개화 시기 : 7~8월
- 분류군 : 속씨식물문 〉 외떡잎식물강 〉 천남성목 〉 개구리밥과 (수매화)
- 쓰임 : 관상용, 약용

개구리밥

물 위에 동동 떠서 사는 풀
개구리밥

연못이나 논에 가 보면 동글동글한 작은 잎들이 물 위에 동동 떠 있는 것을 볼 수 있을 거예요. 청개구리만 겨우 앉을 수 있을 만큼 자그마한 개구리밥이에요.

개구리밥은 물 위에 떠서 사는 식물이에요. 가늘게 퍼져 있는 뿌리만으로도 얼마든지 사는 데 필요한 물을 빨아들일 수 있어서 흙 속에 뿌리를 내리지 않고 물 위를 떠다니며 살아가지요.

개구리밥을 살펴보면 잎과 줄기가 뚜렷하게 구분되어 있지 않아요. 잎처럼 보이는 것은 잎과 줄기가 합쳐진 것으로 '엽상체'라고 해요. 초록색을 띠는 엽상체의 윗면은 물에 젖지 않도록 표면에 잔털이 가득 나 있어요. 그리고 자주색을 띠는 아랫면은 공기가 들어 있는 공기방이 있어서 둥둥 떠다닐 수 있답니다.

연못은 개구리 밥상!

"아흠, 잘 잤다!"

잠에서 깨어난 개구리들이 연못 위로 얼굴을 쏙 내밀었어요.

그러자 물 위를 떠다니던 초록색 작은 잎들이 개구리들의 얼굴에 찰싹 달라붙었지요. 그 모습을 본 풀과 나무가 속닥거렸어요.

"얘, 개구리 얼굴 좀 봐!"

"물에 떠 있던 잎이 개구리 얼굴에 붙었네? 꼭 아기 입술에 묻은 밥풀 같아!"

"맞아, 개구리가 밥 먹는 것처럼 보이는걸."

"그럼, 저 초록 잎이 개구리밥인가? 연못은 개구리 밥상이고?"

연못을 예쁘게 수놓은 초록색 잎들은 그 후로 '개구리밥'이라고 불렸답니다.

개구리밥은 왜 모여 살까?

개구리밥은 꽃을 피우고 씨앗을 맺어 번식하기도 하지만, 대개 물 위에 떠 있는 엽상체에서 새 엽상체가 만들어지면서 수가 늘어나요. 원래 엽상체와 새로 생긴 엽상체는 아랫면이 가는 실로 연결되어 있는데, 엽상체가 계속 늘어나면 연결된 실이 끊어져 두 덩어리가 된답니다.

한 개의 엽상체에서는 보통 9~15개의 개구리밥을 만들어 내요. 독립하는 데 2~3일밖에 안 걸려서 한 개 주변에 서로 모여 있지요.

잎 아랫면 중앙에서 3~5cm의 뿌리가 5~11개 나온답니다.

잎 아랫면은 자줏빛이 돌아요.

개구리밥 한살이

개구리밥은 왜 뿌리를 바닥에 내리지 않을까요?

01 바닥에 내릴 필요가 없으니까

02 돌에 걸릴까 봐

03 물고기들이 갉아 먹을까 봐

04 무거워서 가라앉을까 봐

생각 키우기

개구리밥의 뿌리는 수염뿌리처럼 짧고 듬성듬성하게 나 있어요. 게다가 다른 식물들처럼 땅바닥까지 뿌리를 길게 늘어뜨리지도 않지요. **개구리밥의 뿌리는 물 위를 떠다니는 것만으로도 물속에 녹아 있는 산소를 쉽게 흡수**할 수 있답니다.

정답 **1**

GUESS 28

누구 일까요?

첫 번째 힌트	★ 빨간색의 꽃말은 **열렬한 사랑**이에요.
두 번째 힌트	★ **영국**의 **나라꽃**이에요.
세 번째 힌트	★ **향수**의 **원료**로도 쓰여요.
네 번째 힌트	★ **사랑**을 **고백**할 때 바치는 꽃이에요.
다섯 번째 힌트	★ **줄기**에 **뾰족한 가시**가 있어요.

결정적 힌트 "꽃의 여왕"

Rose

장
↓
ㅈ ㅁ

- 꽃말 : 빨강 – 열렬한 사랑 / 하양 – 순결한 사랑 / 노랑 – 우정, 영원한 사랑
- 꽃색 : 빨간색, 노란색, 흰색, 보라색, 분홍색   • 개화 시기 : 5~7월
- 분류군 : 속씨식물문 〉 쌍떡잎식물강 〉 장미목 〉 장미과(충매화)
- 쓰임 : 관상용

173

장미

향기 가득한 꽃의 여왕
장미

장미는 바람이 없어도 향기를 맡을 수 있을 만큼 꽃향기가 진하고, 뽀족한 가시가 돋아나 있어도 손을 뻗고 싶을 만큼 아름다운 꽃이에요. 그래서 사랑하는 마음을 고백할 때 선물하기도 하고, 향수의 원료로 쓰이기도 하지요.

고대 이집트의 여왕, 클레오파트라는 장미 향기를 무척 좋아해서 궁전 바닥에 장미 꽃잎을 깔고, 죽을 때도 무덤에 장미를 뿌려 달라고 했을 정도래요.

우리나라 사람뿐만 아니라 세계 여러 나라 사람들이 좋아하는 꽃, 장미! 지구상의 꽃 중에서 가장 많이 재배될 뿐만 아니라 가장 잘 팔리는 꽃이기도 하답니다.

클레오파트라

장미의 가시도 사랑한 큐피드

　사랑의 신, '큐피드'는 장미를 무척 사랑했어요. 큐피드는 여느 날처럼 장미를 바라보다가, 문득 입맞춤을 하고 싶어서 입술을 내밀었어요. 그때 꽃 속에 있던 벌이 깜짝 놀라 큐피드의 입술을 침으로 콕 쏘고 말았어요. 화가 난 큐피드의 어머니 '비너스'는 벌들의 침을 뽑아서 장미의 줄기에 붙여 버렸지요. 이것이 장미의 가시가 된 거예요. 그때부터 장미의 줄기를 손으로 잡으면 아픔을 느껴야 했답니다. 하지만 그 후에도 큐피드는 장미를 계속 사랑했대요.

　이렇듯 사랑은 아름답지만 아픔이 뒤따르기도 한답니다. 하지만 큐피드가 가시의 고통을 참아 내며 변함없이 장미를 사랑했듯, 사랑은 고통을 이겨 내는 힘 또한 주지요.

장미 친구, 무당벌레?

진딧물은 장미의 즙을 빨아 먹으며 사는 골칫거리 해충이에요. 그런데 이 고민을 무당벌레가 해결해 준답니다. 무당벌레의 먹이가 진딧물이거든요. 장미와 무당벌레는 서로 돕는 관계예요.

씨앗 열매 중앙에 1개의 씨앗이 있어요.

잎 가장자리에 잔 톱니들이 나 있고, 3개의 잎맥이 뚜렷해요.

꽃 겹겹이 꽃잎이 피어요.

열매 타원형이고, 표면에서 윤이 나요.

장미 한살이

장미를 ○○○에 꽂아 두면 빨리 시들지 않아요. 이것은 **무엇일까요?**

01 사이다

02 소금물

03 수돗물

04 콩기름

생각 키우기

장미를 사이다에 꽂아 두면 더 싱싱한 상태로 오래 살아요. 사이다에 있는 이산화탄소가 병균을 죽이는 역할을 하고 영양분이 되거든요. 하지만 너무 오래 두면 이산화탄소가 사라져 세균이 번식하기 쉬우니까, 역시 식물에게는 물을 주는 게 좋겠죠?

정답 **1**

GUESS 29

 누구일까요?

첫 번째 힌트	★ 꽃말은 **영원한 사랑**이에요.
두 번째 힌트	★ 여름에 캐 먹는 **뿌리채소**예요.
세 번째 힌트	★ **흰색**과 **보라색**의 꽃을 피워요.
네 번째 힌트	★ **천식**이나 **기침** 예방에 효과가 있어요.
다섯 번째 힌트	★ 뿌리가 인삼을 닮았어요.

결정적 힌트 "심심산천의 백도라지~♪"

Balloon flower

도 → ㄷㄹㅈ

- 꽃말 : 영원한 사랑
- 꽃색 : 흰색, 보라색 • 개화 시기 : 7~8월
- 분류군 : 속씨식물문 〉 쌍떡잎식물강 〉 초롱꽃목 〉 초롱꽃과(충매화)
- 쓰임 : 관상용, 식용

도라지

별 모양 꽃이 피는 뿌리채소
도라지

　도라지는 흰색과 보라색의 꽃을 피워요. 보라색 꽃을 피우는 일반 도라지와는 달리 흰색 꽃을 피우는 백도라지는 예로부터 한방에서 약의 재료로 널리 쓰여 왔지요.

　도라지에는 인삼이나 더덕에 많이 들어 있는 사포닌 성분이 풍부해 천식이나 기침을 예방하는 데 효과적이거든요.

　도라지는 주로 뿌리를 먹는 뿌리채소예요. 뿌리는 날 것으로 먹거나 익혀서 쓴맛을 우려낸 뒤 나물을 해 먹어요. 또 꿀에 재어서 정과로 만들어 먹기도 해요.

　정과는 식물의 뿌리나 열매를 꿀에 조린 음식이랍니다. 어린잎은 나물로 무쳐 먹거나 기름에 튀겨 먹지요.

　예전에는 뿌리와 잎, 줄기를 한꺼번에 살짝 쪄서 말려 두었다가 채소가 부족한 겨울철에 먹곤 했어요.

도라지 처녀의 일편단심

　옛날 도씨 집안에 '라지'라는 외동딸이 있었어요. 어여쁜 처녀가 된 라지는 어느 나무꾼 청년을 깊이 사랑하게 되었어요.

　그런데 그 고을에 새로 온 원님이 라지를 보고 한눈에 반하고 만 거예요. 원님은 도씨 집안에 억지로 혼인을 강요했어요. 하지만 나무꾼을 사랑했던 라지는 도저히 원님과 혼인할 수 없었어요.

　결국, 라지는 산속 절벽 위에서 스스로 몸을 던지고 말았답니다. 나무꾼이 다니는 산길에 자기를 묻어 달라는 마지막 말을 남기고 말이에요.

　얼마 후, 라지를 묻은 자리에서 보랏빛 꽃이 피어났어요. 이 꽃이 바로 도라지예요. 도라지꽃에는 산길에 피어서 나무꾼을 지키려는 라지의 일편단심이 담겨 있어요.

도라지의 흰색이 조상을 상징한다고?

설이나 추석 때, 차례상에 꼭 오르던 삼색 나물 중 하나인 도라지! 뿌리를 먹는 흰 도라지는 조상을, 줄기를 먹는 검은 고사리는 부모를, 잎을 먹는 푸른 시금치는 자손을 의미했어요. 조상과 부모와 자손이 모두 잘되길 바라는 우리 조상들의 마음을 엿볼 수 있어요.

씨앗 5개의 방 안에 까만 씨앗이 줄지어 들어 있어요.

잎 좁은 타원형에 가장자리는 톱니 모양이에요.

꽃 끝이 5갈래로 갈라진 뾰족한 종 모양이에요.

열매 달걀 모양의 열매가 익으면 5갈래로 갈라져요.

도라지 한살이

다음 중 뿌리채소가 아닌 것은 무엇일까요?

01 더덕

02 도라지

03 인삼

04 상추

생각 키우기

채소는 먹는 부위에 따라 배추, 시금치, 상추와 같이 잎과 줄기를 먹는 '잎줄기채소', 수박, 참외, 오이와 같이 열매를 먹는 '열매채소', 그리고 무, 당근, 고구마와 같이 뿌리를 먹는 '뿌리채소'로 나뉘어요. 특히 **더덕, 도라지, 인삼과 같은 흰색의 뿌리채소는 사포닌 성분이 풍부**하게 들어 있어 피로 회복과 노화 방지에 좋다고 해요.

정답 ❹

GUESS 30 누구일까요?

첫 번째 힌트	★ 한해살이 **덩굴식물**이에요.
두 번째 힌트	★ **초록**색 열매가 **빨갛게** 익어요.
세 번째 힌트	★ 감과 닮아서 '**땅감**'이라고도 불러요.
네 번째 힌트	★ **스파게티** 소스의 재료로 쓰여요.
다섯 번째 힌트	★ 거꾸로 읽어도 이름이 같아요.

결정적 힌트 "○○○ 케첩"

Tomato

토

토마토

- 꽃말 : 완성된 아름다움
- 꽃색 : 노란색　• 열매 맺는 시기 : 6월
- 분류군 : 속씨식물문 〉 쌍떡잎식물강 〉 통꽃식물목 〉 가짓과(충매화)
- 쓰임 : 식용, 약용

토마토

붉은색의 물렁한 영양 채소
토마토

"키가 너무 높으면 까마귀 떼 날아와 따 먹을까 봐
키 작은 땅감나무 되었답니다."

위 동시 「땅감나무」에 나오는 **땅감나무**는 토마토의 또 다른 이름이에요. 예전에는 토마토를 '땅에서 나는 감나무'라고 하여 '**땅감**'이라고 불렀답니다.

어린 토마토 줄기는 털북숭이예요. **줄기에 가득한 털**은 나쁜 벌레들이 다가오지 못하도록 막아 주는 역할을 해요.

토마토는 채소 중에서 특히나 '라이코펜'이라는 성분이 풍부한 채소예요. 덜 익은 초록색보다 잘 익은 빨간색이 더 영양가 높고 심장병 예방이나 항암에 효과가 좋아요.

토마토는 케첩의 주재료이기도 해요. 스파게티나 피자, 햄버거에 케첩이 빠진다면 팥 없는 찐빵과도 같겠지요?

독초로 오해 받은 토마토

불과 200여 년 전만 해도 미국 사람들은 토마토를 먹지 않았어요. 토마토의 꽃이 '맨드레이크'라는 독이 있는 식물과 닮아서 토마토에도 독이 있을 거라고 생각했거든요. 그런데 미국의 한 대령이 토마토를 먹어 보겠다며 여러 사람 앞에 나섰어요.

"저 사람이 제정신이야? 죽으려고 환장했군."

하지만 대령은 아랑곳하지 않고 토마토를 덥석 베어 먹었어요. 대령은 멀쩡했을 뿐 아니라 힘이 펄펄 났지요.

그때부터 사람들도 토마토를 먹기 시작했어요. 더구나 빨갛고 탐스러운 토마토가 영양가도 높다는 사실이 알려지게 되었지요. 토마토의 꽃말이 '완성된 아름다움'인 것도 이 때문이 아닐까요?

토마토에 설탕을 뿌리면?

토마토는 다른 과일에 비해 단맛이 적어 설탕을 뿌려 먹는 사람이 있어요. 하지만 토마토와 설탕을 함께 먹으면 우리 몸에 들어가기 전에 당분인 설탕이 토마토의 비타민B1을 써 버려 영양이 떨어지지요. 토마토는 그냥 먹는 것이 좋아요.

씨앗

잘 여문 토마토 씨앗은 노란 빛을 띠어요.

잎

끝이 뾰족하고 큰 톱니가 있으며 독특한 냄새가 나요.

꽃

5~6월이 되면 노란 꽃잎이 달려요.

열매

익을수록 초록색에서 붉은 색으로 변해요.

토마토 한살이

다음 중 채소가 아닌 것은 무엇일까요?

01 마늘

02 상추

03 석류

04 토마토

생각 키우기

채소는 땅에서 자라는 한해살이식물의 열매이고, 과일은 여러 해를 사는 나무에서 열리는 열매예요. **마늘과 상추는 잎줄기채소, 토마토는 열매채소**로, 마늘과 상추, 토마토는 모두 채소에 속해요. 하지만 석류는 석류나무에 달리는 열매로 과일이랍니다.

정답 ❸

GUESS 31

 누구일까요?

첫 번째 힌트	★ 달콤한 열매가 열리는 나무예요.
두 번째 힌트	★ 신성한 나무로 알려져 있어요.
세 번째 힌트	★ 발목에 동그랗게 튀어나온 ○○○뼈.
네 번째 힌트	★ 겉에는 보슬보슬한 털이 숭숭!
다섯 번째 힌트	★ 천도, 백도, 황도.

결정적 힌트 "봉숭아? 봉선화?"

 Peach tree

복

→ ㅂㅅㅇㄴㅁ

- 꽃말 : 위로, 매력, 유혹
- 꽃색 : 분홍색, 연홍색 • 열매 맺는 시기 : 7~8월
- 분류군 : 속씨식물문 〉 쌍떡잎식물강 〉 장미목 〉 장미과(충매화)
- 쓰임 : 식용, 가구재

복숭아나무

복사꽃 피는 달콤한 열매 나무
복숭아나무

"나의 살던 고향은 꽃 피는 산골, 복숭아꽃 살구꽃 아기 진달래~"

이원수 선생님이 노랫말을 지은 〈고향의 봄〉이라는 동요예요. 복숭아꽃, 살구꽃, 진달래가 피는 모습을 떠올려 보세요. 울긋불긋 피어난 꽃이 참 아름다울 것만 같지요?

복숭아의 씨앗은 부드러운 겉면과 달리 단단하고 울퉁불퉁한 주름이 있어요. 복숭아는 밑씨가 자라서 씨앗이 되고, 씨앗을 감싸고 있던 씨방이 자라 열매가 된답니다.

복숭아나무는 예로부터 신령한 나무로 여겨졌어요. 나쁜 귀신을 쫓는다고 해서 복숭아나무의 가지로 빗자루를 만들어 청소하기도 했지요. 복숭아나무의 꽃은 술로 빚어 마셔요. 잎은 우려내 목욕물로 쓰는데 땀띠 치료에 좋지요. 씨앗은 베개 속 재료나 비누로 만들어 쓰기도 해요. 꽃과 잎, 열매 그리고 씨앗까지, 버릴 게 하나도 없는 과일나무랍니다.

복숭아 비누

천 년을 사는 복숭아

중국 한나라의 임금 '무제'는 주변에 소문이 자자할 정도로 복숭아를 좋아했어요. 어느 날, 하늘나라에서 천도복숭아를 가꾸는 '서왕모'가 이 소문을 듣고 찾아왔어요.

"3천 년에 한 번 열리는 천도복숭아나무랍니다. 한 개만 먹어도 천 년을 더 살 수 있지요."

그런데 아뿔싸, 무제의 신하 '동방삭'이 이 말을 몰래 엿들은 거예요. 동방삭은 나무에서 천도복숭아가 열리기를 기다렸다가 세 개나 훔쳐 먹었어요. 그래서 그 후로 3천 년이나 더 살았대요.

아름다운 빛깔과 달콤한 향기로 우리를 유혹하는 복숭아. 복숭아 한 개에 천 년을 더 살 수 있다면 친구들은 어떻게 하겠어요?

우린 다 '복숭아'라고!

복숭아는 품종에 따라 맛, 크기, 색깔이 달라요. 껍질에 털이 없는 빨간 복숭아는 '천도'라 하고, 껍질에 털이 있는 복숭아 중 속이 하얀 복숭아는 '백도', 속이 노란 복숭아는 '황도'라고 해요. 황도는 신맛이 강해서 주로 통조림으로 만들어 먹지요.

씨앗 둥글고 단단하며 울퉁불퉁한 주름이 있어요.

잎 잎끝이 뾰족한 타원형으로 가장자리에 톱니가 나 있어요.

꽃 꽃대가 짧고, 5장의 꽃잎이 활짝 퍼져 있어요.

열매 둥근 열매의 껍질에는 까슬까슬한 털이 나 있어요.

복숭아나무 한살이

우리 조상들은 복숭아나무가 나쁜 기운과 귀신을 쫓아 준다고 생각했대요. 왜 그랬을까요?

01 복숭아의 맛에 귀신이 홀려서

02 복숭아의 맛에 귀신 마음이 녹아서

03 복숭아나무니까 복이 올 거라 생각해서

04 복숭아꽃의 아름다움에 나쁜 기운도 사라질 것 같아서

생각 키우기

따스한 봄날 화사하게 핀 복숭아꽃을 보고 있으면 나쁜 기운이나 생각도 모두 잊혀질 만큼 아름답다고 해요. 이처럼 따뜻한 햇볕 아래 피는 **복숭아꽃이 양기(햇볕의 따뜻한 기운)를 상징**한다고 여겼기 때문에, 음기(어둡고 침침하고 싸늘한 기운)인 귀신을 쫓는다고 생각했지요. 이처럼 복숭아나무에 신령한 기운이 있다고 여겼답니다.

정답 ❹

GUESS 32

 누구일까요?

첫 번째 힌트	★ 꼬투리 속에 들어 있어요.
두 번째 힌트	★ 빵이나 떡의 **속 재료**로 많이 쓰여요.
세 번째 힌트	★ **콩**의 한 종류예요.
네 번째 힌트	★ 주로 **밥에 넣어** 먹어요.
다섯 번째 힌트	★ 우리 몸속에 있는 콩팥을 닮았어요.

결정적 힌트 " '강남콩'이라고 쓰면 안 돼요."

Kidney bean

강

ㄱㄴㅋ

- 꽃말 : 행복한 삶
- 꽃색 : 흰색, 연자주색   • 열매 맺는 시기 : 6~8월
- 분류군 : 속씨식물문 〉 쌍떡잎식물강 〉 장미목 〉 콩과(충매화)
- 쓰임 : 식용

강낭콩

크기는 작지만 영양 덩어리
강낭콩

　콩은 '밭에서 나는 소고기'라 불릴 정도로 영양 만점인 식물이에요.

　특히 강낭콩은 세계에서 가장 많이 재배되는 콩으로, 주로 밥에 넣어 먹거나 빵과 떡의 소*로 많이 쓰여요. 보통은 꼬투리 안의 콩만 먹는데, 여린 꼬투리는 삶아서 통째로 먹기도 하지요.

　강낭콩은 햇빛이 잘 드는 곳에 심고 물을 주기만 하면 잘 자랄 정도로 기르기가 쉬워요. 그래서 어린이들이 직접 키우며 관찰하기에도 좋지요. 강낭콩은 식물의 한살이를 알아보는 데 가장 알맞은 식물이거든요.

　우리에게 먹을 것도 주고 공부도 도와주는 강낭콩! 참 고맙죠?

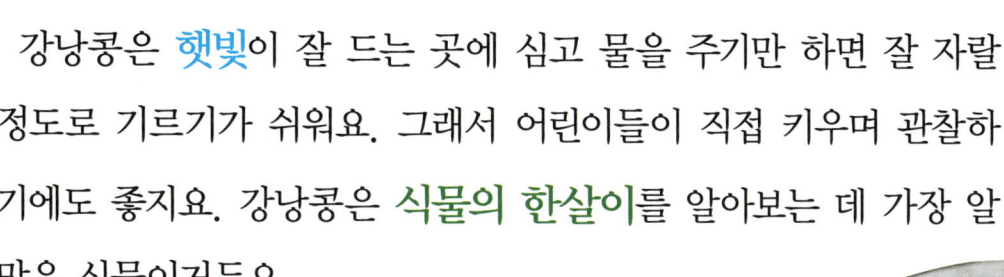

*소 : 떡이나 빵의 맛을 내기 위해 속에 넣는 여러 가지 재료.

콩 한 알의 빈틈

　가난한 노부부가 늘그막에 '우투리'라는 아기를 얻었어요. 자식이 없던 부부에게 우투리는 커다란 행복이었지요.

　그런데 어느 날, 전쟁이 일어나 우투리가 전쟁터에 나가게 된 거예요. 어머니는 아들에게 볶은 콩으로 갑옷을 만들어 주려고 콩 한 말을 볶았어요. 그런데 그만 콩 한 알이 솥 밖으로 튀어 나갔지 뭐예요. 하지만 어머니는 별로 대수롭지 않게 여겼어요.

　우투리는 어머니가 만들어 준 갑옷을 입고 전쟁터에 나가 용감하게 싸웠어요. 화살이 마구 날아왔지만 우투리의 갑옷은 끄떡없었어요. 그런데 그때 화살이 날아와 콩 한 알이 모자라 생긴 아주 작은 빈틈에 박혀 버린 거예요. 우투리는 그 자리에서 쓰러지고 말았답니다.

　콩 한 알 크기의 작은 허점도 큰일을 그르칠 수 있다는 것을 가르쳐 주는 이야기지요.

강낭콩을 기르는 방법!

① 접시에 축축한 솜을 깔고 씨앗을 놓아요.

② 적당한 온도를 유지해 줘요.

③ 햇볕이 드는 곳에 두어요.

④ 물을 주어요.

씨앗

한 꼬투리에 보통 1~7개의 씨앗이 들어 있어요.

잎

3장의 잔잎으로 이루어진 '겹잎'이에요.

꽃

나비 모양의 꽃이 피어요. 1장은 크고 4장은 작아요.

열매

가늘고 긴 꼬투리 모양의 껍질로 싸여 있어요.

강낭콩 한살이

다음 중 크기가 가장 작은 콩은 무엇일까요?

01 강낭콩

02 쥐눈이콩

03 메주콩

04 완두콩

생각 키우기

가장 작은 콩이라고 알려진 콩은 쥐눈이콩이에요. 일반 콩 크기의 반 정도밖에 안 되지요. 크기가 쥐의 눈 정도라 이름도 그렇게 지었다고 해요. 반대로 일반 콩보다 훨씬 큰 작두콩은 크기가 3센티미터도 넘을 만큼 커요. 콩은 종류에 따라 쓰임새도 다양해요. 콩나물로 기르는 쥐눈이콩, 메주를 만드는 메주콩, 숙주로 키우는 녹두콩, 콩자반을 만드는 검정콩 등이 있어요.

정답 ❷

GUESS 33

누구일까요?

첫 번째 힌트	★ 꽃말은 연정, **사모**예요.
두 번째 힌트	★ **흰색**과 **연분홍색** 꽃이 피어요.
세 번째 힌트	★ 북쪽으로 꽃이 피어 '**북향화**'라고 해요.
네 번째 힌트	★ '**목필**', '**목란**'으로도 불려요.
다섯 번째 힌트	★ 나무에 피는 연꽃이지요.

결정적 힌트 "나무 木, 연꽃 蓮"

Magnolia

목 → ㅁㄹ

- 꽃말 : 연정, 사모
- 꽃색 : 흰색, 연분홍색   • 개화 시기 : 3~4월
- 분류군 : 속씨식물문 〉쌍떡잎식물강 〉목련목 〉목련과(충매화)
- 쓰임 : 관상용

203

목련

 **나무에 피는 탐스러운 연꽃**

목련

목련이 한꺼번에 꽃망울을 터트릴 즈음이면 마치 나무가 함박웃음이라도 짓는 것처럼 아름다워요. 이름도 '나무에 피는 탐스러운 연꽃'이라고 해서 목련이지요. 그 모습에 반한 세계 많은 시인들이 목련을 보고 떠오른 느낌을 시로 썼답니다.

목련은 별명이 참 많아요. 꽃이 필 때, 해를 따라다니는 다른 식물과는 달리 꽃봉오리가 북쪽으로 기운다고 해서 '북향화'라고 부르기도 하고, 꽃눈의 모양이 붓끝을 닮았다고 해서 '목필'이라고 부르기도 해요. 또 난초 같은 나무라고 해서 '목란'이라고 부르지요.

꽃잎은 달여서 차로 마시고, 나무의 수액은 받아다 감기약이나 구충제로 써요. 꽃과 나무껍질로는 향수나 방향제를 만들기도 한답니다.

북쪽을 향해 피는 목련

한 아리따운 공주가 살고 있었어요. 어찌나 아름다운지 온 동네 젊은 이들이 줄지어 사랑을 고백할 정도였지요. 하지만 공주는 북쪽 바다의 신 외에는 다른 누구도 마음에 두지 않았어요. 그런데 안타깝게도 북쪽 바다의 신은 이미 결혼을 한 상태였지요. 뒤늦게 그가 이미 결혼했다는 사실을 안 공주는 결국 바다로 몸을 던져 버렸답니다.

이 소문을 듣고 북쪽 바다 신의 부인은 자기 때문에 공주가 목숨을 잃었다며 괴로워하다 그 부인마저 세상을 떠나고 말았지요. 북쪽 바다의 신은 둘을 양지바른 곳에 나란히 묻어 주었답니다.

훗날 부인의 무덤에서는 자목련이, 공주의 무덤에서는 백목련이 피어났는데 둘 다 북쪽을 바라보더래요. 목련의 꽃말은 '연정', '사모'랍니다.

목련은 눈이 두 개?

목련에는 눈이 두 개나 있어요. 여기에서의 눈은 보는 눈이 아니라, 새로 터져 돋아나려는 싹을 말해요. 꽃눈은 자라서 꽃이 되고, 잎눈은 잎이 된답니다.

꽃눈 솜털로 뒤덮인 꽃눈은 봄에 하얀 꽃을 피워요. 꼭 붓끝을 닮았지요?

잎눈 길쭉한 잎눈은 꽃이 지면 연둣빛 잎을 피운답니다.

씨앗 붉은 씨앗 안에는 검은색 속씨가 숨어 있어요.

잎 가장자리가 밋밋하고 끝부분만 뾰족해져요.

꽃 흰색으로 꽃잎은 6~9장이에요.

열매 가을이 되어 붉은색으로 익으면 칸칸이 갈라지면서 붉은 씨앗이 드러나요.

목련 한살이

목련의 꽃봉오리가 모두 북쪽으로 기우는 이유는 무엇일까요?

01 북쪽에 두고 온 애인이 있어서

02 북쪽으로 부는 바람 때문에

03 남쪽의 꽃잎이 힘이 더 세서

04 그냥

생각 키우기

꽃이나 잎이 해를 바라보며 고개를 숙이는 이유는 해를 받는 쪽의 생장 호르몬(옥신)이 햇빛의 반대 방향으로 이동하여 그쪽이 더 빠르게 성장하기 때문이에요. 하지만 목련은 이와 상관이 없어요. 봄 햇살이 내리쬐는 남쪽 방향의 꽃봉오리가 더 빠르고 튼튼하게 자라다 보니 **남쪽의 꽃잎이 힘이 더 세서** 북쪽으로 기울어진 거랍니다.

정답 ❸

GUESS 34

누구일가요?

첫 번째 힌트	★ **겨울**이 다가오면 많이 볼 수 있어요.
두 번째 힌트	★ **연녹색**과 **흰색**을 띠어요.
세 번째 힌트	★ 소금에 절여 **빨간 양념**을 해서 먹어요.
네 번째 힌트	★ **상추**랑 비슷하게 생겼어요.
다섯 번째 힌트	★ 배추흰나비 애벌레가 먹고 자라요.

결정적 힌트 "김치를 만드는 재료!"

Chinese cabbage

배

ㅂ ㅊ

- 꽃말 : 쾌활
- 꽃색 : 노란색   • 열매 맺는 시기 : 6~11월
- 분류군 : 속씨식물문 > 쌍떡잎식물강 > 양귀비목 > 십자화과(충매화)
- 쓰임 : 식용

배추

김치 담글 때 쓰이는 채소
배추

서양에 양배추가 있다면 우리나라엔 배추가 있어요. 배추는 **잎줄기**를 먹기 위해 심어 기르는 채소예요. 배추나 무에서 돋은 **꽃줄기**를 '**장다리**'라고 해요. 이 장다리에서 꽃이 피면 잎이 잘 자라지 못하기 때문에, 배추는 보통 꽃대가 올라오기 전에 먹지요.

배춧잎을 갉아먹고 사는 **배추벌레**도 있어요. **배추흰나비의 애벌레**지요. 시간이 지나면 예쁜 배추흰나비가 되어 훨훨 날아다니지만, 애벌레일 때는 배춧잎을 갉아먹는 해충이랍니다.

배추는 날것으로 먹기도 하지만 주로 **김치**를 담가 먹어요. 겨우내 먹기 위해 김치를 한꺼번에 많이 담그는 일을 '**김장**'이라고 하는데, 우리나라의 김장문화는 2013년 유네스코 세계 인류무형문화유산에 등재되었습니다.

서양의 배추, 양배추

옛날에 바람의 신을 좋아하던 여신이 있었어요. 어느 날, 여신은 신들의 왕인 '제우스'가 벌이는 잔치에 초대를 받았어요.

'분명 바람의 신도 오겠지? 제일 화려한 드레스를 입어서 바람의 신과 멋지게 춤을 춰야지!'

드디어 잔치가 시작되었어요. 여신은 화려한 레이스가 달린 드레스를 겹겹이 입어서 누구보다 크고 화려하게 꾸몄어요. 그리고 바라던 대로 바람의 신과 춤을 추게 되었지요. 그런데 춤에 너무 정신을 쏟은 나머지, 치맛자락으로 제우스가 아끼는 꽃나무를 모두 망가뜨리고 말았어요. 화가 난 제우스가 소리쳤어요.

"저 여신을 배추로 만들어 사람들이 그녀의 치맛자락을 베어 먹게 하라!"

그래서 여신은 서양의 배추, 양배추가 되었답니다. 그렇게나 화려한 치맛자락은 그대로 간직한 채 말이에요.

"미나리는 사철, 장다리는 한철일세~"

숙종 임금이 못된 장희빈의 아름다움에 빠져 착한 왕비 인현왕후를 쫓아내자 안타까운 마음으로 백성들이 부른 노래예요. 한철만 살고 시들어 버리는 '장다리'를 장희빈에, 사철 내내 살아남는 '미나리'를 인현왕후에 빗대어, 인현왕후가 돌아오기를 바라는 마음을 표현한 거지요.

씨앗 작고 둥근 모양이에요.

잎 뿌리에서 바로 뻗어 나오며 잎 가장자리가 주름져 있어요.

꽃 4장의 꽃잎이 십자 모양으로 붙어 있어요.

열매 가늘고 긴 자루 모양의 씨앗 주머니가 열려요.

배추 한살이

다음 중 배추로 만든 김치가 아닌 것은 무엇일까요?

01 보쌈김치

02 총각김치

03 백김치

04 고갱이김치

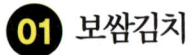

임금님의 수라상에 올린 보쌈김치는 황해도, 고춧가루를 넣지 않고 하얗게 담근 백김치는 평안도, 배추의 연한 속살로만 담근 고갱이김치는 충청도의 향토 음식이에요. **총각김치는 오동통한 총각무를 이용해 만든 김치랍니다.**

정답 ❷

GUESS 35

누구일까요?

첫 번째 힌트	★ **이름**이 **여러 가지**예요.
두 번째 힌트	★ 화가 **모네**가 많이 그린 꽃이에요.
세 번째 힌트	★ 물에서 사는 **여러해살이풀**이에요.
네 번째 힌트	★ **흰색, 붉은색**의 꽃을 피워요.
다섯 번째 힌트	★ 잎과 꽃이 물 위에 떠 있어요.

 **결정적 힌트** "**'잠자는 연꽃'**이라는 뜻이에요."

Water lily

수

ㅅ ㄹ

- 꽃말 : 청순한 마음
- 꽃색 : 흰색, 붉은색   • 개화 시기 : 6~8월
- 분류군 : 속씨식물문 〉 쌍떡잎식물강 〉 미나리아재비목 〉 수련과(수매화)
- 쓰임 : 관상용

수련

물 위에 피는 잠자는 연꽃
수련

수련은 한자로 水(물 수)가 아닌 睡(졸음 수)를 써서 '잠자는 연꽃'이라는 뜻이에요. 마치 사람이 잠을 자는 것처럼 밤부터 다음 날 아침까지 꽃잎을 오므리고 있거든요. 낮에는 피고 밤에는 오므라들기를 사흘 정도 반복하고 나면 꽃이 시들지요.

수련은 물 밑바닥의 진흙 속에 굵은 땅속줄기를 뻗어 몸을 지탱하고, 긴 잎자루와 꽃대를 내어 물 위에 둥둥 떠요. 꽃은 긴 꽃대 위에 한 개씩 피고, 잎도 긴 잎줄기에 한 개씩 달렸어요.

수련은 진정 효과가 있어 더위에 지쳤을 때나 잠이 안 올 때, 또는 흐르는 피를 멈추게 할 때 필요한 치료제에 쓰이기도 합니다.

셋째 딸의 소원

먼 옛날 그리스에 우애 깊은 세 자매가 살고 있었어요.

하루는 여신인 어머니가 세 딸을 모아 놓고 말했어요.

"이제 너희도 다 컸으니, 각자 소원을 말해 보아라."

그러자 헤엄치기 좋아하는 첫째 딸은 평생 물과 같이 살고 싶다고 하고, 날만 밝으면 산이나 들로 다니는 둘째 딸은 평생 바람처럼 여행하며 살고 싶다고 말했어요. 어머니는 첫째 딸은 물이 되게 하고, 둘째 딸은 바람이 되게 해 주었어요. 그리고 마지막으로 셋째 딸에게 무엇이 되고 싶냐고 물었어요.

"저는…… 언니들과 함께 지낼 수 있으면 그걸로 좋아요."

어머니는 골똘히 생각한 후에 셋째 딸을 수련으로 만들어 주었어요. 그래서 셋째 딸은 물 위에서 바람을 따라 떠다니며 언니들과 함께 지낼 수 있었답니다.

수련은 잠꾸러기 꽃이라고?

수련은 이름이 참 여러 가지예요. 낮 동안에 피었다가 저녁이면 꽃잎을 오므리는 모습이 잠자는 것 같아서 '수련'이라고 하지만, 한자로 오후 1~3시를 가리키는 미시(未時)에 핀다고 하여 '미초'라고도 불리고, 정오에 핀다고 해서 '자오련'이라고도 불린답니다.

씨앗 참깨보다 작고 둥근 씨앗이 열매 안에 가득 들어 있어요.

잎 이가 빠진 동그라미 모양에, 표면이 반질반질해요.

꽃 연꽃에 비해 수련은 끝이 뾰족해요.

열매 달걀 모양으로 꽃받침에 싸여 있어요.

수련 한살이

물 위에 떠다니며 씨앗을 퍼뜨리는 식물이 아닌 것은 무엇일까요?

01 민들레

02 수련

03 연꽃

04 마름

생각 키우기

연못이나 냇가에 사는 **수련, 연꽃, 마름의 씨앗은 물 위에 동동 떠다니다가 싹을 틔우기 좋은 곳에 머물러 뿌리를 내려**요. 열매 속에 공기주머니가 있어 물에 오래 떠 있을 수 있거든요. 민들레는 바람을 이용해 씨앗을 멀리 퍼뜨린답니다.

정답 ❶

GUESS 36

누구일까요?

- **첫 번째 힌트** ★ 꽃말은 **젊은 날의 추억**이에요.
- **두 번째 힌트** ★ 봄에 **흰색**과 **보라색** 꽃을 피워요.
- **세 번째 힌트** ★ '**서양수수꽃다리**'라고도 불러요.
- **네 번째 힌트** ★ **꽃향기**가 멀리멀리 퍼져요.
- **다섯 번째 힌트** ★ **향수**로도 써요.

결정적 힌트 "연한 보라색은 라일락색!"

Lilac

라

ㄹ ㅇ ㄹ

- **꽃말** : 우정, 첫사랑의 감격, 젊은 날의 추억
- **꽃색** : 보라색, 연보라색, 흰색 • **개화 시기** : 4~5월
- **분류군** : 속씨식물문 > 쌍떡잎식물강 > 용담목 > 물푸레나뭇과(충매화)
- **쓰임** : 관상용

라일락

향긋한 꽃향기 퍼지는 나무
라일락

라일락의 향기를 맡아 본 적이 있나요? 다른 꽃의 향기보다 훨씬 짙고 향긋하지요. 라일락은 달콤하고 은은한 향이 나서, 온 세계 사람들이 좋아하는 꽃이에요. '젊은 날의 추억'이라는 꽃말처럼, 특히 젊은 연인들에게 인기가 많지요.

사람들은 라일락 꽃잎에서 향기가 나는 성분을 뽑아내어 향수를 만드는 데 쓰고 있어요. 특히 향수를 좋아하는 프랑스 사람들이 라일락을 아주 좋아한답니다.

라일락 꽃잎은 보통 네 갈래로 나뉘지만, 가끔 다섯 갈래로 나뉘는 꽃잎을 볼 수도 있어요. 다섯 갈래로 된 꽃을 찾으면 네잎클로버처럼 행운이 온다고 믿지요. 또한 라일락 꽃잎의 연한 보라색은 라일락색으로 색 이름이 지정될 만큼 아름다워요.

라일락은 진한 향기와 강한 생명력 덕분에 경치를 아름답게 꾸며 줄 뿐 아니라 정원에 심는 나무로도 제격이랍니다.

한 사람을 사랑한 마음

영국 하트퍼드셔라는 마을에 눈처럼 맑은 마음을 지닌 아가씨가 살았어요. 아가씨는 오직 한 남자만 사랑했어요. 하지만 가족의 심한 반대로 둘은 헤어지게 되었지요. 아가씨는 너무 슬퍼서 그만 병으로 세상을 떠나고 말았어요. 아가씨의 친구들은 무덤에 보라색 라일락을 가져다 놓았답니다.

"네가 그토록 좋아했던 라일락을 가져왔단다."

그런데 이튿날, 무덤을 다시 찾은 친구들은 깜짝 놀라고 말았어요. 라일락 꽃잎이 모두 하얀색으로 변해 있었거든요. 사랑을 지키고 싶었던 아가씨의 맑은 마음처럼 말이에요. 실제로 지금도 이 마을 묘지에서는 라일락이 계속 피어나고 있답니다.

넌 라일락이니, 수수꽃다리니?

라일락

(서양수수꽃다리)
원산지: **유럽**
뾰족한 끝을 빼면 비교적 둥근 편.

수수꽃다리

원산지: **한국**
잎이 작고 좁음.
꽃도 매우 작음.

씨앗

가장자리에 날개가 있어 멀리 날아갈 수 있어요.

잎

심장 모양이고 가장자리가 밋밋해요.

꽃

향기가 진하고 끝이 4갈래로 갈려요.

열매

가을에 흑갈색으로 익어요. 익으면 윗부분이 2개로 갈리며 씨앗이 나와요.

라일락 한살이

라일락을 뜻하는 말이 아닌 것은 무엇일까요?

01 서양수수꽃다리

"한국 사람이 부르는 말!"

02 리라

"프랑스 사람이 부르는 말!"

03 정향나무

"중국 사람이 부르는 말!"

04 튤립

"네덜란드 사람이 부르는 말!"

생각 키우기

라일락은 나라마다 이름이 달라요. 영어로는 '라일락'이라고 부르지만, 우리나라에서는 꽃봉오리 모양이 수수 열매처럼 보인다고 해서 **'서양수수꽃다리'**라고 불러요. 프랑스에서는 **'리라'**라고 부르고요, 중국에서는 **'정향나무'**라고 불러요. 여러 이름으로 불린다는 것은 그만큼 세계 여러 나라에 널리 퍼져 있다는 뜻이겠지요?

정답 ❹

GUESS 37

누구 일가요?

첫 번째 힌트	★ **한해살이풀**이에요.
두 번째 힌트	★ 여름에 따 먹는 **열매채소**예요.
세 번째 힌트	★ **붉은 주머니에 금돈**이 가득!
네 번째 힌트	★ 가을이 되면 **빨갛게 익어요**.
다섯 번째 힌트	★ **매운맛이 나요**.

결정적 힌트 "○○ 먹고 맴맴, 달래 먹고 맴맴"

Hot pepper

고

→ ㄱ ㅊ

- 꽃말 : 세련
- 꽃색 : 흰색   • 열매 맺는 시기 : 7~10월
- 분류군 : 속씨식물문 〉 쌍떡잎식물강 〉 통꽃식물목 〉 가짓과(충매화)
- 쓰임 : 식용

고추

매운맛을 내는 열매채소
고추

생각만 해도 입안에 침이 고일 정도로 **매운** 고추!

고추가 매운 이유는 '**캡사이신**'이라는 성분 때문이에요. 캡사이신은 고추의 **껍질**과 **씨앗** 등에 들어 있는데, 특히 **씨앗이 붙어 있는 흰 부분**에 가장 많이 들어 있어요. 고추는 다른 동식물로부터 자신을 보호해 널리 널리 **번식**하려고 캡사이신을 만들어 내는 거랍니다.

매운맛을 좋아하는 우리나라 사람들은 예전부터 고추를 즐겨 먹었어요. 익지 않아서 푸른빛을 띠는 **풋고추**는 된장에 찍어 날로 먹거나 튀겨서 부각으로 먹고, 꽈리고추는 작고 매운맛이 덜해 조려서 먹어요.

또 가을에 고추가 빨갛게 익으면 잘 말려 **고춧가루**를 만든 다음, 고추장과 김치를 담가요. 고춧잎은 데쳐서 나물로 무쳐 먹고, 고추씨로는 기름을 짜는 유용한 **열매채소**랍니다.

고추는 전쟁할 때 썼던 공격 무기!?

임진왜란 때의 일이에요. 우리나라의 거북선과 용감한 의병들 때문에 곤경에 빠진 일본군은 꾀를 내었어요.

당시 우리나라에 없던 고춧가루를 성안으로 날려 보내자는 거였지요. 우리 군사들이 매운 고춧가루 때문에 눈도 못 뜨고 정신없이 재채기하는 틈을 타서 공격하려는 속셈이었어요.

하지만 고춧가루를 처음 접한 우리 군사들은 일본군의 꾀에 빠지기는커녕 그것을 반찬의 양념으로 썼어요. 매운맛이 썩 좋았거든요. 전쟁이 끝나자마자, 우리나라는 일본의 고추씨를 들여와 재배하였답니다.

공격용 무기로 날아온 고추가 이제는 우리 식탁에서 빠질 수 없는 채소로 환영받게 된 거예요.

왜 금줄에 붉은 고추를 달았을까?

예로부터 우리 조상들은 장독대를 신성한 곳으로 여기며 금줄을 둘렀어요. 나쁜 기운을 흡수하는 검은 숯, 잡귀를 물리치는 붉은 고추, 늘 푸른 소나무처럼 장맛도 변치 말라고 솔가지. 이 세 가지를 엮어 매단 금줄에는 부정한 기운을 막고 싶었던 우리 조상들의 염원이 담겨 있어요.

씨앗 금색의 동그란 씨앗이 빽빽이 들어 있어요.

잎 잎끝이 뾰족하고 가장자리는 밋밋해요.

꽃 5갈래로 옅게 나누어졌지만 사실 통꽃으로 하얀 접시처럼 보여요.

열매 초록색의 긴 열매가 원뿔꼴로 빨갛게 익어요.

고추 한살이

고추의 매운맛 정도는 어떻게 측정할까요?

01 기계로

02 상처에 문질러 봐서

03 씨앗을 털어 봐서

04 냄새의 알싸한 정도로

생각 키우기

매운맛의 정도를 수치로 표현할 때는 '스코빌 지수'로 표현해요. 1912년 윌버 스코빌(Willbur Scoville)은 고추 추출물에 설탕물을 섞어, 매운맛이 느껴지는지 아닌지 혀로 측정했어요. 가령 매운맛을 없애는 데 5천 배의 설탕물이 필요하면 5,000 스코빌(SHU)인 셈이죠. **현재는 '고성능 액체 크로마토그래피'라는 기계로** 매운맛을 내는 캡사이신의 양을 측정한답니다.

정답 ❶

GUESS 38

누구일까요?

첫 번째 힌트	★ **여름**에 꽃을 피우는 **나무**예요.
두 번째 힌트	★ **나비 모양**의 진분홍색 **꽃**을 피워요.
세 번째 힌트	★ 옛날에는 **회초리**로 많이 사용했어요.
네 번째 힌트	★ 송알송알 **싸리잎**에 은구슬~.
다섯 번째 힌트	★ 줄기로 싸리비를 만들어요.

결정적 힌트 "사리나무? 쌀이나무?"

Bush Clover

싸

↓

ㅆㄹㅁ

- 꽃말 : 생각, 사색
- 꽃색 : 보라색, 진분홍색, 흰색   • 개화 시기 : 7~8월
- 분류군 : 속씨식물문 > 쌍떡잎식물강 > 장미목 > 콩과(충매화)
- 쓰임 : 생활용품

싸리나무

나뭇가지의 쓰임이 많은 나무
싸리나무

"나무 나무 무슨 나무 십리 절반 오리나무
덜덜 떠는 사시나무 마당 쓸어 싸리나무"

우리 조상들이 즐겨 부르던 전래 동요 〈나무 타령〉의 한 부분이에요. 노랫말 속에 싸리나무가 보이죠? 마당을 쓰는 **싸리비**는 **싸리나무 줄기**로 만들었어요. 또, 사립문에 **싸리 울타리**, 가장자리를 둘러치는 **싸리발** 모두 싸리나무로 만들었지요.

싸리나무의 줄기를 삶아 벗겨 낸 껍질을 '**비사리**', 하얗고 매끈매끈한 속은 '**속대**'라고 하는데, 비사리는 맷방석, 둥구미, **망태기** 등을 만드는 데 쓰고, 속대로는 채반, 다래끼, **소쿠리** 등을 만들었어요.

싸리나무는 땔감부터 회초리까지, 우리 생활 곳곳에 참 많이 쓰인 나무랍니다.

고마운 회초리

한 선비가 장원급제하고 고향으로 돌아오는 길이었어요. 지나는 마을마다 사람들이 나와 축하해 주었지요. 큰 말에 올라탄 선비의 모습은 참 늠름했어요.

그런데 갑자기, 선비가 길가의 싸리나무를 보고는 말에서 내리더니 큰절을 올렸어요. 이를 이상하게 여긴 마을 사람들이 선비에게 그 까닭을 물었어요.

"제가 게을러질 때마다 이 싸리나무로 만든 회초리가 저에게 많은 깨우침을 주었습니다. 이 나무가 아니었으면 어찌 제게 오늘이 있었겠습니까?"

마을 사람들은 그제야 선비의 깊은 뜻을 알 수 있었답니다.

왜 싸리나무로 회초리를 만들었을까?

아주 옛날에는 부모님들이 자식을 잘 가르쳐 달라고 훈장님에게 싸리나무 회초리를 선물했대요. 다른 나무들은 상처를 내거나 살 속에 피를 맺히게 하는데, 싸리나무는 크게 상처가 나지 않았기 때문이랍니다.

씨앗

흑갈색이며 신장 모양의 씨앗이 1개 들어 있어요.

잎

3장의 작은 잎이 달려 있어요.

꽃

나비 모양의 진분홍색 꽃이 촘촘히 모여 피어요.

열매

납작하고 타원형이에요. 끝이 부리처럼 길고 털로 뒤덮여 있어요.

싸리나무 한살이

"눈 쌓인 산에서 조난을 당하면 싸리나무를 찾아라!"라는 말이 있어요. 그 이유는 **무엇일까요?**

01 혹시나 잠들면 싸리나무로 종아리를 때리려고

02 싸리나무가 불 피우는 데 제격이라서

03 잠 잘 자리를 쓸어야 하니까

04 망태기를 만들어 구걸해야 하니까

생각 키우기

눈 쌓인 산에서 조난을 당했을 때 싸리나무를 가능한 한 많이 모아 두어야 살 수 있는 이유는 **싸리나무 줄기가 불을 피우기 좋기 때문이에요. 다른 줄기에 비해 굵기가 가늘고 기름기가 많아**서, 비록 눈에 젖은 상태라도 불에 잘 붙고 오래 타기 때문이랍니다. 구조대가 올 때까지 따뜻하게 체온을 유지해야 살아남을 수 있을 테니까요.

정답 ❷

GUESS 39

누구일까요?

첫 번째 힌트	★ 꽃말은 **관대한 사랑**이에요.
두 번째 힌트	★ **콩과**에 속하는 **두해살이풀**이에요.
세 번째 힌트	★ **붉은토끼풀**과 닮았어요.
네 번째 힌트	★ **자주색**의 꽃을 피워요.
다섯 번째 힌트	★ '자줏빛 구름'이란 뜻이에요.

결정적 힌트 "자운영? 자운녕?"

Milk vetch

자
↓
ㅈㅇㅇ

- 꽃말 : 관대한 사랑
- 꽃색 : 자주색   • 개화 시기 : 4~5월
- 분류군 : 속씨식물문 〉 쌍떡잎식물강 〉 장미목 〉 콩과(충매화)
- 쓰임 : 관상용, 천연 거름(녹비 식물)

자운영

자줏빛 구름을 닮은 꽃
자운영

자운영은 **자줏빛 구름**을 닮았다고 붙여진 이름이에요. 자운영이 무리 지어 있는 곳에 가면, 마치 붉은 구름 이불을 덮은 것처럼 멋있는 데다 쓰임도 무척 많답니다.

어린순에 **비타민**과 **미네랄**이 들어 있어 나물로도 무쳐 먹고, **뿌리**에는 **질소 성분**이 풍부해 땅을 비옥하게 해 준답니다. 그래서 모내기를 하기 전, 자운영을 논에 심었다가 갈아엎으면 훌륭한 **천연 거름**이 되지요.

또 자운영은 꿀벌이 아주 좋아해요. 꽃 안에 꿀이 가득 들어 있는 밀원 식물*이거든요. 이 밖에도 **기침**을 멈추게 하고, 상처가 난 곳의 피를 멈추게 하는 데 도움을 줘요. **열**이 오르고 **종기**가 난 데도 특효약이지요. 정말 자운영은 어린순부터 뿌리까지 버릴 것이 하나도 없는 고마운 식물이랍니다.

*__밀원 식물__ : 벌이 꿀을 빨아 오는 주요 식물.

임금님을 용서한 자운영

하루는 사냥을 나온 임금님이 숲에서 산책하던 아리따운 처녀 '자운영'을 보고 한눈에 반했어요. 임금님은 자운영에게 다가가 왕비로 삼으리라 약속하고 돌아갔어요. 하지만 대비마마와 신하들의 반대에 부딪혀서 자운영을 데리러 가는 일이 늦어졌지요. 뒤늦게 자운영을 찾았지만 때는 이미 늦었어요. 임금님의 소식을 애타게 기다리던 자운영은 너무 지쳐 죽고 말았지요.

자운영의 무덤을 찾은 임금님이 눈물을 흘리자 순간 구름을 펼쳐 놓은 듯한 자줏빛 꽃이 피어났대요. 임금님의 마음을 이해한다는 듯한 온화한 빛깔의 꽃이었지요. 자운영의 마음을 느낀 임금님은 하염없이 울었어요. 그래서 자운영의 꽃말은 '관대한 사랑'이랍니다.

자운영을 찾아라!

붉은토끼풀

자운영

자운영과 붉은토끼풀은 색깔도 꽃 모양도 쌍둥이처럼 닮았어요. 그래서 주로 잎으로 구별해요. 붉은토끼풀의 잎은 타원형의 잎이 세 장 있으며, 잎 가운데에 하얀 줄이 있고요, 자운영의 잎은 동글동글한 작은 잎이 8~11장 달려 있답니다.

씨앗
꼬투리 속에 납작하고 노란 씨앗이 2~5개 들어 있어요.

잎
동글동글한 작은 잎이 8~11장 달려 있어요.

꽃
꽃자루 끝에 7~10송이의 꽃이 돌려 피어요.

열매
긴 타원형의 꼬투리가 검은색으로 변하며 익어요.

자운영 한살이

조상들이 벼를 심기 전 논에 자운영을 길러서 땅을 갈아엎은 이유는 **무엇일까요?**

01 예쁜 꽃을 보려고

02 벌레를 홀리려고

03 땅 기운을 높이려고

04 자운영은 금세 싫증 나서

생각 키우기

우리 조상들은 땅의 기운을 높이기 위해 자운영을 길러 갈아엎었어요. **자운영이 썩어 땅의 기운을 높여 주는 거름이 되기 때문**이에요. 이렇게 땅에 거름이 되는 식물을 '녹비 식물'이라고 해요. 지금도 농촌에서는 화학 비료 대신 친환경 비료인 녹비 식물을 거름으로 쓴답니다.

정답 ❸

GUESS 40

누구일까요?

첫 번째 힌트	★ **한해살이풀**이에요.
두 번째 힌트	★ **붉은색, 노란색**의 꽃을 피워요.
세 번째 힌트	★ 한여름 내내 볼 수 있는 **여름꽃**이에요.
네 번째 힌트	★ 화단에 **보석**을 뿌려 놓은 것 같아요.
다섯 번째 힌트	★ "○○○도 봉숭아도 한창입니다~♬"

결정적 힌트 "채송아? 채송화?"

Rose moss

채

ㅊ ㅅ ㅎ

- 꽃말 : 가련, 순진
- 꽃색 : 붉은색, 노란색, 흰색, 분홍색   • 개화 시기 : 7~10월
- 분류군 : 속씨식물문 > 쌍떡잎식물강 > 중심자목 > 쇠비름과(충매화)
- 쓰임 : 관상용

채송화

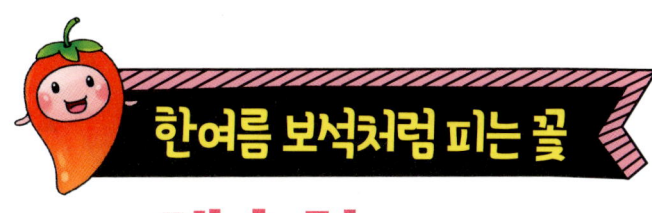

한여름 보석처럼 피는 꽃
채송화

"아빠하고 나하고 만든 꽃밭에 채송화도 봉숭아도 한창입니다~♪"

김효선 선생님이 지은 〈꽃밭에서〉라는 동요예요.

노랫말처럼 채송화는 오래전부터 봉숭아, 맨드라미, 분꽃, 과꽃과 함께 집에서 흔히 심는 꽃이에요.

채송화는 키는 작지만, 생명력이 강한 화초예요. 메마른 땅에서도 잘 자라고, 줄기를 끊어서 심어도 쭉쭉 뻗어 순식간에 꽃밭을 뒤덮어 버려요. 꽃잎 안쪽에 볼록하게 들어 있는 노란 수술은 벌이나 나비의 다리에 잘 붙어 여기저기 쉽게 퍼진답니다.

채송화는 한여름에 피는 꽃이에요. 채송화가 햇볕이 쨍쨍 내리쬐는 더위에도 말라 죽지 않고 예쁜 꽃을 피울 수 있는 것은 줄기와 잎에 물을 충분히 저장하고 있기 때문이에요.

보석에 눈먼 여왕

어느 나라에 보석에 눈이 먼 여왕이 있었어요. 하루는 어떤 노인이 코끼리에 보석을 가득 싣고 여왕을 찾아와, 보석 한 개와 백성 한 사람을 맞바꾸자고 했어요. 여왕은 좋아하며 노인의 말에 따랐지요.

보석 한 개, 백성 한 명, 보석 두 개, 백성 두 명…….

어느새 나라에 있는 백성을 보석과 모두 바꾸고 말았어요. 그런데도 보석이 하나 남아 있었어요. 여왕은 보석과 바꿀 백성이 없다는 걸 알면서도 마지막 남은 노인의 보석을 선뜻 받았지요.

그 순간, 여왕은 쓰러지고 모든 보석이 펑펑 터지며 저마다 다른 색의 꽃으로 피어났답니다. 마지막 보석과 바꿀 상대는 여왕이었던 거예요. 보석이 변한 꽃이라서일까요? 채송화는 저마다 색색의 화사한 꽃으로 피어나 꽃밭을 아름답게 수놓는답니다.

채송화는 너무 바빠!

채송화는 하루살이 곤충처럼 하루를 살고 지는 꽃이라 하루가 무척 바쁘답니다. 아침에 봉오리였던 것이 정오가 되면 활짝 피어 오후쯤에는 씨앗을 만들어요. 바람이 없어도 꽃 안의 수술과 암술이 스스로 움직여 씨앗을 만들지요. 그리고 저녁이 되면 꽃이 지고 말아요. 씨앗을 만들기 위해 하루 동안 부지런히 움직이는 채송화, 정말 기특하죠?

씨앗 좁쌀 크기의 검고 둥근 씨앗이 가득 들어 있어요.

잎 바늘잎과 비슷하지만 두툼해요.

꽃 달걀 모양으로 꽃잎의 끝이 약간 패여 있어요.

열매 열매의 껍질이 익으면 뚜껑이 열리듯 가로로 벌어져요.

채송화 한살이

꽃밭에 꽃을 심을 때, 채송화는 주로 앞쪽에 심어요. 그 이유는 무엇일까요?

01 꽃이 제일 예쁘니까

02 꽃이 제일 못생겼으니까

03 키가 제일 크니까

04 키가 제일 작으니까

생각 키우기

키가 작은 채송화는 꽃밭에서 항상 앞자리를 차지해요. 봄에 분홍색의 꽃을 피우는 꽃잔디(지면패랭이꽃), 여름에 색색의 화사한 꽃을 피우는 채송화, 가을에 노란색의 꽃을 피우는 들국화는 키가 작은 꽃이에요. 해바라기는 키다리라서 화단의 뒷자리를 차지하지요.

정답 ❹

누구일까요? 식물백과

♣ 더 깊이 식물 관찰하기

♣ 부분으로 식물 맞히기

♣ 한눈에 보는 식물

♣ 어려운 식물 용어

♣ 찾아보기

더 깊이 식물 관찰하기

식물을 자세히 들여다볼까요? 식물은 크게 뿌리, 줄기, 잎으로 나뉩니다. 그리고 스스로 살아가는 데 필요한 활동을 하며, 꽃과 열매를 맺지요.

잎
햇빛을 받아 포도당이라는 영양분과 산소를 만들어요. 이걸 '광합성'이라고 해요.

줄기
식물의 윗부분이 쓰러지지 않게 받쳐 줘요. 또 줄기 속에는 관다발이 있는데, 이것이 바로 물과 영양분이 지나다니는 길이에요.

뿌리
식물이 땅에 든든하게 서 있게 해 주고 땅속의 물과 영양분을 빨아들여요.

꽃

씨앗을 만들어 번식하는 기관이이에요.

암술 : 수술에서 꽃가루를 받아 씨앗을 만들어요.
암술머리, 암술대, 씨방이 있지요.

수술 : 수술대와 꽃밥으로 이루어져 있어요.
꽃밥 안에 꽃가루가 있지요.

꽃잎 : 암술과 수술을 보호하고 곤충들을 유혹해요.
꽃잎이 모두 붙어 있으면 통꽃, 갈라져 있으면 갈래꽃이라고 해요.

꽃받침 : 꽃의 밑부분에서 꽃잎, 암술과 수술을 받쳐 줘요.

열매

암술 안에 밑씨가 들어 있는 방을 '씨방'이라고 하는데, 이 씨방이 자라면 열매가 돼요. 씨방 부분이 자라서 된 것을 '참열매'라고 하고, 씨방이 아닌 다른 부분이 자라서 된 것을 '헛열매'라고 하지요.

참열매(감)

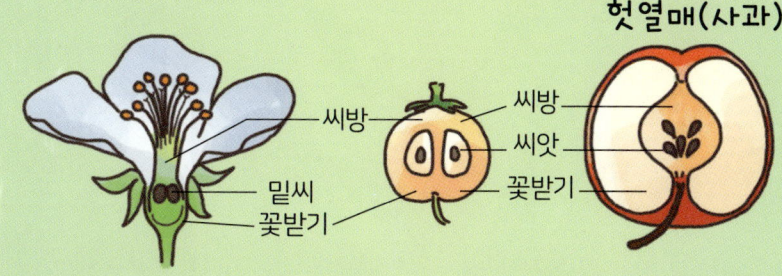

헛열매(사과)

식물의 분류

이 세상에는 무수히 많은 식물이 있어요. 그중에는 이미 발견된 식물도 있고, 아직 발견되지 않은 식물도 있지요. 학자들은 지금까지 발견된 식물들의 특징을 알아내서 공통적인 것끼리 묶어 보았어요.

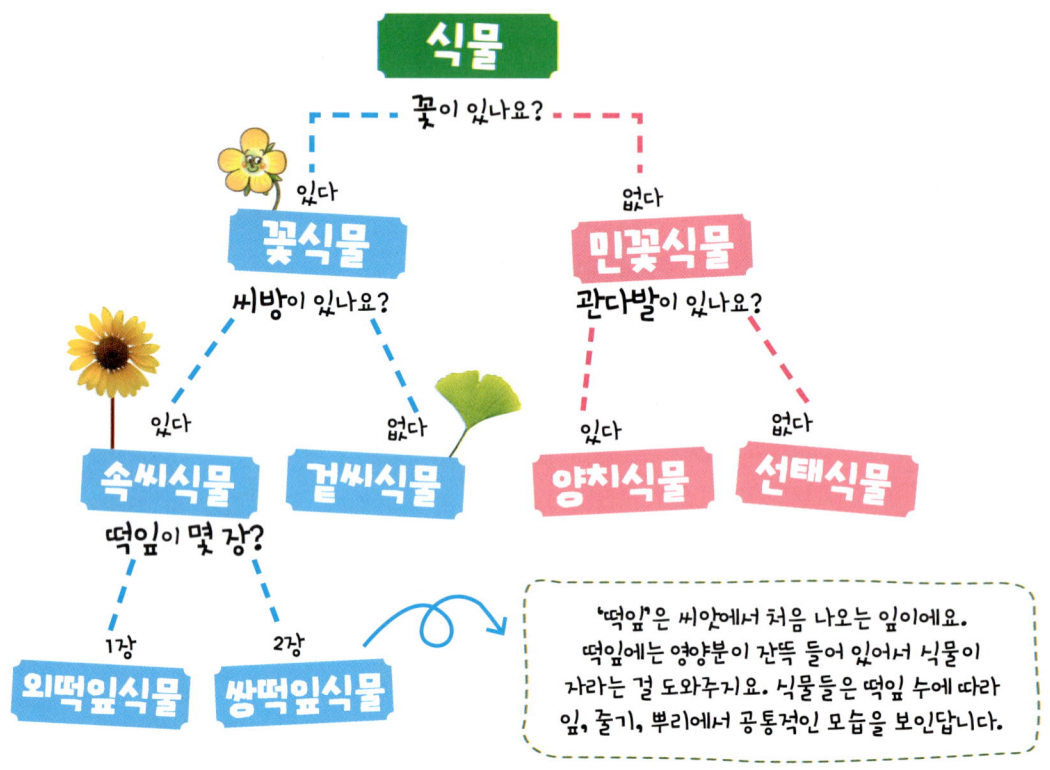

'떡잎'은 씨앗에서 처음 나오는 잎이에요. 떡잎에는 영양분이 잔뜩 들어 있어서 식물이 자라는 걸 도와주지요. 식물들은 떡잎 수에 따라 잎, 줄기, 뿌리에서 공통적인 모습을 보인답니다.

	떡잎	잎	줄기	뿌리
쌍떡잎	두 장	그물맥	관다발 규칙 배열	곧은뿌리
외떡잎	한 장	나란히맥	관다발 불규칙 배열	수염뿌리

'떡'은 어떤 식물이나 동물 이름 앞에 붙어 '작은', '처음'이라는 뜻을 나타내요. 예) 떡두꺼비, 떡조개

 ## 식물의 일생(한살이)

| 씨앗 | 떡잎 | 본잎 | 꽃 | 열매 |

사람이 태어나 어른이 되고 결혼을 해서 아이를 낳고 늙어서 한평생을 마감하듯, 식물도 자기들만의 한살이를 하며 살아가요. 한살이를 한 번 겪는 식물이면 한해살이식물, 여러 번 겪는 식물이면 여러해살이식물이에요.

 ## 과일과 채소의 차이점

과일과 채소를 완벽하게 분류해 나누기는 어려워요. 다만, 식물학적으로 다음과 같이 분류해 구분하고 있어요. 과일은 나무에서, 채소는 풀에서 열리는 것이라고 생각하면 구분하기가 좀 더 쉬워요.

과일	채소
나무에서 나는 열매	풀에서 나는 열매
여러해살이	한해살이
나이테 있음	나이테 없음
사과, 배, 감, 귤, 대추	딸기, 수박, 참외, 토마토, 오이

부분으로 식물 맞히기

256 오이 / 수박 / 밤나무
감나무 / 강아지풀 / 개구리밥
개나리 / 고추 / 포도나무

257 목화 / 나팔꽃 / 해바라기
참나무 / 소나무 / 무궁화
민들레 / 벼 / 코스모스

한눈에 보는 식물

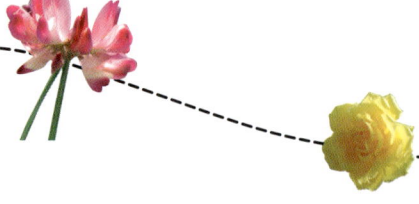

01 개나리

02 감나무

03 나팔꽃

04 벼

05 사과나무

06 봉숭아

07 수박

08 무궁화

09 민들레

10 포도나무

11 할미꽃

12 참나무

13 코스모스

14 은행나무

15 해바라기

16 밤나무

17 강아지풀

18 소나무

19 백일홍

20 벚나무

어려운 식물 용어

관다발 Vascular bundle
양분과 물이 지나다니는 통로인 체관과 물관, 그리고 줄기를 두껍게 자라게 하는 형성층으로 구성된 조직.

광합성 Photosynthesis
녹색 식물이 이산화탄소와 물을 재료로 빛 에너지를 이용하여 포도당을 만드는 과정.

꽃가루 Pollen
수술의 한 부분인 꽃밥 속에 들어 있는 가루 모양의 수컷 생식세포.

꽃받기 Receptacle
꽃받침, 암술과 수술, 꽃부리 등 꽃의 모든 기관이 달린 불룩한 부분.

꽃받침 Calyx
꽃의 밑부분에서 꽃잎을 받치고 있는 기관으로 암술과 수술을 보호함.

난세포 Ovum
암컷의 생식세포로 밑씨에 들어 있음.

목본식물 Woody plant
많은 양의 나무질을 지녀 단단한 줄기와 뿌리를 이루는 여러해살이식물로 보통 나무라고 부름.

밑씨 Ovule
수정하면 성숙한 후 씨앗이 되는 생식 기관. 속씨식물은 밑씨가 씨방 안에 있고, 겉씨식물은 밑씨가 겉으로 드러나 있음.

수술 Stamen
꽃식물의 수컷 생식 기관으로 꽃가루가 들어 있는 꽃밥과 이를 받치고 있는 가느다란 줄기인 꽃실로 이루어짐.

암술 Pistil
꽃식물의 암컷 생식기관. 암술머리, 암술대, 씨방으로 이루어짐.

여러해살이식물 Perennial plant
2년 이상 여러 해를 살아가는 식물.

참열매 True fruit
씨방 부분이 자라서 생긴 열매.

초본식물 Herbaceous plant
줄기와 잎이 부드럽고 물기가 많은 편이며 보통 풀이라고 부름. 한해살이풀과 여러해살이풀로 나뉨.

포도당 Glucose
단맛이 있고 물에 잘 녹으며 당의 한 종류임. 생물의 조직 속에서 에너지를 주는 물질로 사용.

한해살이식물 Annual plant
종자에서 싹이 나는 것으로 생활을 시작하여 일 년 안에 다시 종자를 남기고 죽는 식물을 이르는 말.

헛열매 Pseudocarp
씨방 이외의 부분, 혹은 씨방과 그 이외의 부분이 함께 자라서 생긴 열매.

— 사진을 제공해 주신 고마운 분들

채송화 외 다수 사진(정덕연 / 출처: http://blog.naver.com/hiran0524)
벚나무, 진달래, 싸리 씨앗 외 다수 사진(서만오 / 출처: http://blog.daum.net/onidiras)
강아지풀꽃 사진(이영옥 / 출처: http://blog.naver.com/rjdnfaksu52)
수세미외 속 사진(김영태 / 출처: http://cafe.naver.com/peltateandperson.cafe)
겹벚나무 사진(김성혜 / 출처: http://blog.naver.com/hye5390)
용문사 일주문 사진(정소진 / 출처: http://blog.naver.com/jsjmarina)

— Getty Images Bank

 내가 특별히 좋아하는 식물

_____

_____

_____

식물을 사랑하고 자연을 보호하는

_____의 책입니다.

찾아보기

ㄱ
감나무…17
강낭콩…197
강아지풀…107
개구리밥…167
개나리…11
고추…227

나팔꽃…23
대추나무…149
도라지…179
라일락…221

ㅁ
목련…203
목화…131
무궁화…53
민들레…59

ㅂ
밤나무…101
배나무…137
배추…209
백일홍…119
벚나무…125
벼…29
복숭아나무…191
봉숭아…41

ㅅ
사과나무…35
소나무…113
수련…215
수박…47
싸리나무…233

ㅇ
오이…155
유채…143
은행나무…89

자운영…239
장미…173
진달래…161
참나무…77
채송화…245

코스모스…83
토마토…185
포도나무…65

할미꽃…71
해바라기…95

퀴즈 풀면서 재미있게 배우는 신개념 어린이 백과

관찰하여 무엇일지 **유추**하고
개념지도를 그리며
새로운 것을 **창조**해 내는
신개념 학습 백과!

♣ 스스로 생각하는 힘을 키우는 어린이 백과

〈GUESS?〉 시리즈는 어린이에게 꼭 필요한 상식과 초등 교과 개념을 쉽고 재미있게 이해할 수 있도록 '유추'라는 생각 도구를 활용한 퀴즈로 구성된 어린이 백과입니다. 제시된 현상들 사이의 유사성을 관찰하고 공통된 속성을 찾아 논리적으로 관계 지으며 유추하는 과정은 스스로 생각하는 힘을 키웁니다. 또한 다변화 정보사회에서 이해의 폭을 넓히고 탐색하는 데 필수적인 사고력과 새로운 방법으로 시도하고 자기 힘으로 문제를 해결하는 자기 주도 학습을 이끌어 줍니다.

♣ 재미있게 놀면서 교과 개념 잡는 4단계 구성

① 알쏭달쏭 퀴즈! ➡ ② 생생한 정보! ➡ ③ 흥미로운 탐험! ➡ ④ 쑥쑥 크는 사고 확장!
4단계 구성의 〈GUESS?〉 시리즈는 주어진 정보를 관찰하여 무엇일지 유추하고 개념 지도를 그리며 새로운 것을 창조해 내는 신개념 학습법입니다. 40가지 퀴즈를 놀이처럼 질문을 주고받으며 풀다 보면 자연스럽게 해당 분야의 상식이 풍부해지고, 집중력과 문제해결 능력이 쑥쑥 자랍니다.

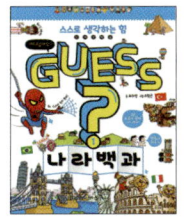  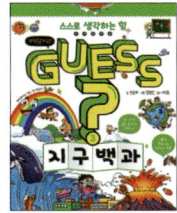  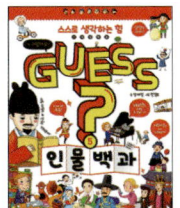 

GUESS? 시리즈 ❶ 나라 백과 ❷ 인체 백과 ❸ 지구 백과 ❹ 곤충 백과 ❺ 인물 백과 ❻ 교과서 인물 백과
❼ 식물 백과 ❽ 동물 백과 ❾ 스포츠 백과 ❿ 공룡 백과

이 책을 함께 만들어 주신 분

글 정명숙
어린이를 위해 글 쓰는 걸 참 좋아합니다. 현재 초등학교 교감 선생님으로 재직 중이며, 다양한 아동문학 상을 받았습니다. 어린이의 마음에 아름다운 씨앗을 심어 줄 수 있는 글을 쓰기 위해 노력하고 있습니다. 지은 책으로는 『내 에티켓이 어때서!』, 『내 이름은 플라스틱』, 『크레파스가 뚝』 등이 있습니다.

그림 이혜영
아이들의 엉뚱하고 기발한 생각을 사랑하는 그림작가입니다. 그림 한 컷만으로도 수만 가지 상상이 자라고, 따뜻한 생명력이 느껴지길 바라며 늘 노력합니다. 지금은 어린이를 위해 재미있고 신나는 그림을 그리고 있습니다. 그동안 그린 책으로 『숨은 그림 찾으며 수수께끼 300』 등이 있습니다.

감수 전창후
서울대학교 원예학과를 졸업하고, 일본 동경대학교에서 생물환경조절공학 박사학위를 취득했습니다. 현재 서울대학교 학생처장 겸 원예생명공학전공 교수, 일본 치바대학교 원예학부 겸임교수로 일하고 있습니다. 주요 저서로 『채소학 각론』, 『원예학 개론』, 『신 농업환경공학』 등이 있습니다.

사진 이명호
식물을 사랑하며 식물과 가까이 지내는 초등학교 교장 선생님입니다. 살아 숨 쉬는 식물의 이모저모를 개인 홈페이지에 모아 둔 것이 벌써 수백 가지에 이른답니다.